T0146790

DRONES CON TIC
Y HERRAMIENTAS DE LA
WEB EN LA EDUCACIÓN

DRONES CON **TIC**
Y HERRAMIENTAS DE LA
WEB EN LA EDUCACIÓN

MAESTRA LOTZY BEATRIZ FONSECA CHIU
MAESTRA MARÍA ELENA ROMERO GASTELÚ
MAESTRO JORGE LORENZO VÁSQUEZ PADILLA

Para realizar pedidos de este libro, contacte con:
Palibrio
1663 Liberty Drive
Suite 200
Bloomington, IN 47403
Gratis desde EE. UU. al 877.407.5847
Gratis desde México al 01.800.288.2243
Gratis desde España al 900.866.949
Desde otro país al +1.812.671.9757
Fax: 01.812.355.1576
ventas@palibrio.com
794831

ÍNDICE

LOS PROFESORES AUTORES del presente libro trabajamos en una Universidad pública de Guadalajara Jalisco, México, impartimos clases en las carreras de Ingeniería en Computación e Informática. Como todo profesor preocupado por la formación de nuestros estudiantes, al inicio de clases les preguntamos a 465 estudiantes que cursan las carreras mencionadas, si en alguna ocasión habían manejado o volado algún drone, y encontramos que, de todos los estudiantes, sólo 34 estudiantes afirmaban haber volado un drone al menos una vez en su vida, esto durante los ciclos escolares 2017A, 2017B, 2018A y 2018B. A partir de lo anteriormente expuesto, es que los profesores detectamos la falta de conocimiento entre los estudiantes de estas carreras sobre el tema de los drones, los profesores consideramos que es una necesidad que los estudiantes se acerquen a los drones al ser estudiantes de carreras en el área de las tecnologías de la información, pero ¿Por qué consideramos los profesores que los estudiantes universitarios que cursan carreras de Ingeniería en Computación e Informática deben tener un acercamiento a los drones?

De acuerdo con Fernández (2017) "el mercado mundial de drones es una de las industrias con mayor potencial de desarrollo del momento. De simples juguetes, los drones han evolucionado hasta convertirse en herramientas profesionales de primer orden. Constructoras, petroleras, compañías eléctricas y empresas de seguridad entre otras, ya los usan para llevar a cabo todo tipo de tareas de riesgo en las que antes tenía que intervenir el humano." Los drones se están utilizando en la agricultura, inspección y monitoreo, labores de salvamento, y entrega de productos. Todo lo anterior nos lleva a pensar que los drones son tecnología que tiene actualmente un gran auge y que la tendencia es a que exista crecimiento en su uso, por lo tanto los profesores consideramos que los estudiantes universitarios de Computación e Informática deben actualizar sus conocimientos en el uso, manejo, vuelo y programación de drones de forma que puedan acercarse a este tipo de tecnología que representará un nicho importante de negocio, es así que los profesores pensamos en desarrollar el Proyecto "Learning to Fly Drones en la Universidad", con el que acercamos a los estudiantes a los drones y que presentamos en este libro a detalle.

1.1 Introducción

En este libro queremos exponer los resultados del Proyecto "Learning to Fly Drones en la Universidad", en este proyecto se pensó en el uso de drones en la educación universitaria. Los profesores autores de este libro consideramos importante crear estrategias didácticas con el uso de drones más el uso de Tecnologías de la Información (TIC) y herramientas Web para implementarlas en la educación, todo esto en beneficio de los estudiantes universitarios que tenemos a nuestro cargo en una Universidad pública de Guadalajara Jalisco, México, es importante mencionar que estos universitarios son estudiantes de las carreras de Ingeniería en Computación e Informática. Al ser una Universidad pública en la que se implementaron las estrategias didácticas con el uso de drones, TIC y herramientas de la Web teníamos que pensar en que no contaríamos con recursos económicos para iniciar este proyecto, esto debido a que se tienen recursos limitados en las Universidades públicas, por lo que los profesores decidimos iniciar el proyecto con recursos propios, esto es, los profesores autores de este libro aportamos recursos económicos para comprar algunos drones, y pagar un hosting para emprender estas estrategias.

¿Qué esperábamos de este proyecto?

Generar profesionistas más preparados, con competencias en el uso y manejo de drones, en el uso y manejo de diverso software de creación de contenidos multimedia (audio, video, imágenes y animaciones), así como software para la creación de sitios Web, social media y cómputo en la nube. Así mismo con este proyecto deseábamos fomentar entre nuestros estudiantes el amor por nuestro hermoso estado de Jalisco y otras partes de la República Mexicana, reafirmar la identidad como Mexicanos y al mismo tiempo hacerlos más conscientes de las maravillas que poseemos como Mexicanos en nuestros estados, que son ricos en naturaleza, tradiciones, leyendas, cultura, gastronomía, historia de lugares emblemáticos, pensábamos de igual manera en fomentar con esto el civismo en nuestros estudiantes universitarios, queríamos compartir con otras instituciones los conocimientos adquiridos en un aprendizaje expansivo, con esto queríamos desarrollar en nuestros estudiantes el trabajo colaborativo y solidario.

Iniciamos con el Proyecto "Learning to Fly Drones en la Universidad" en enero del 2017, el proyecto sigue actualmente.

1.2 Objetivo General del Proyecto "Learning to Fly Drones"

Acercar a los jóvenes universitarios de las Ingenierías en Computación e Informática al uso, manejo, vuelo y programación de drones haciendo al mismo tiempo uso de las TIC (Tecnologías de la Información y Comunicaciones) y herramientas de la Web, esto a través de diferentes estrategias didácticas de aprendizaje desarrolladas por los profesores autores de este libro.

1.3 Pregunta de investigación

¿Cómo acercamos a los estudiantes universitarios de las carreras de Ingeniería en Computación e Informática al manejo y uso de drones?

1.4 Supuesto

Las estrategias didácticas diseñadas e implementadas en el Proyecto "Learning to Fly Drones en la Universidad" acercarán a los estudiantes universitarios de las carreras de Ingeniería en Computación e Informática al manejo y uso de drones.

1.5 Visión general del proyecto

El siguiente mapa mental muestra una visión general del proyecto:

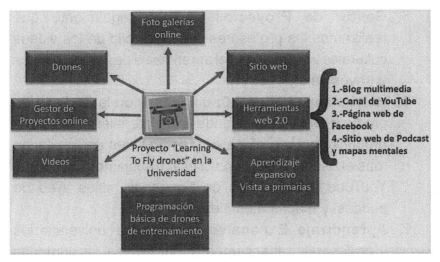

Imagen 1.- Mapa mental del Proyecto "Learning to Fly Drones en la Universidad".

Descripción del mapa mental anterior.

Todo el Proyecto "Learning to Fly Drones" se centra en la temática de los drones (uso, manejo, vuelo y programación de drones):

1. **Drones:** tema central del proyecto.
2. **Foto galerías online:** resultado de publicar las fotos aéreas logradas con drones de lugares emblemáticos del Estado de Jalisco y otras partes de la República Mexicana.
3. **Sitios Web:** resultado de difundir la experiencia de trabajar con drones en este proyecto educativo a través de Internet.
4. **Videos:** cortometrajes culturales creados a partir de fotos y videos aéreos capturados con drones, estos videos son desarrollados por profesores y estudiantes universitarios de lugares emblemáticos del Estado de Jalisco y otras partes de la República Mexicana.

5. **Gestor de Proyectos online:** seguimiento que realizamos los profesores del desarrollo de los videos culturales y del avance del aprendizaje de los estudiantes a través de Internet.

6. **Herramientas Web 2.0:** utilizadas con la finalidad de producir, publicar y difundir los materiales multimedia producidos por profesores y estudiantes universitarios más el uso de drones, para esto trabajamos con blogs, YouTube, página Web de Facebook, sitios Web de podcast y mapas mentales.

7. **Aprendizaje Expansivo:** estudiantes universitarios y profesores capacitamos a estudiantes de primarias públicas en el tema de los drones, también presentamos los contenidos multimedia generados en el proyecto a estudiantes de primaria.

8. **Programación básica de drones de entrenamiento:** enseñamos a estudiantes universitarios a programar drones de entrenamiento.

Este proyecto educativo se compone de:

- Interesados en aprender sobre el tema (estudiantes, profesores, otro público).
- Drones.
- Tecnologías de la Información y Comunicaciones (TIC).
- Es un proyecto con un enfoque cultural.
- Uso de herramientas de la Web.
- Es un proyecto que tiene una pedagogía basado en diferentes teorías, metodologías de aprendizaje, de las cuales se desprenden diferentes estrategias didácticas diseñadas para alcanzar el objetivo de aprendizaje de este proyecto.
- Es un proyecto que busca transformar una realidad educativa basándonos en el aprendizaje expansivo,

con el que buscamos compartir conocimiento con otros estudiantes de otros niveles educativos. Este proyecto generó la vinculación entre diferentes niveles educativos para colaborar en la construcción del conocimiento.

- La creatividad y la innovación son partes importantes de este proyecto.

Cheng (2016) "drone es un término aeronáutico que se refiere a un avión no tripulado que navega a través de una computadora a bordo o por control remoto."

De acuerdo a (Chamberlain, 2017):

"Adam Najberg fue periodista del Wall Street Journal durante más de 20 años antes de ir a trabajar con el fabricante chino de drones DJI. Él dijo: los drones presentan una gran oportunidad para contar no solo historias antiguas desde una nueva perspectiva, sino también una forma completamente nueva de contar una historia. Los drones de DJI tienen controladores de vuelo a bordo, que los hacen estables, incluso cuando quitas las manos de los controles, incluso sin señal de GPS, como dentro de las cuevas, pueden ir donde los humanos no pueden ir fácilmente, ver cosas que los humanos no pueden ver fácilmente y contar historias que no se podían contar antes."

3

Drones utilizados y sus características técnicas

Para este proyecto se utilizaron los siguientes drones:

Drone 1 y sus características:

Se puede grabar videos y fotos desde el aire con este avión no tripulado cámara HD. Su radio de Q106 emplea la tecnología de 2,4 GHz para una mínima interferencia, y cambiar de forma fácil entre modo normal y experto. Este avión no tripulado listos para volar cámara HD dispara con archivos JPEG y videos 1080p AVI y tiene botones separados para la cámara, de video y de auto flip.

Drone 2 y sus características:

Este es un fantástico quadcopter Wifi FPV y equipada con cámara de HD de 720P en tiempo real Wifi FPV transmisión grabación de video, simplemente conectar el drone con el teléfono y a disfrutar el vuelo FPV notable. Con GPS sistema y barómetro hold de altura, auto retorno y vuelo punto en el mapa. Es también soporte de 9 minutos de tiempo de vuelo y sobre 100m alcance de transmisión.

Drone 3 y sus características:

Con la cámara 1920 * 1080P HD y el sistema de transmisión en tiempo real WiFi, FPV inmersivo en alta definición en tiempo real. La función de mantener la altitud incluso hace que las tomas aéreas sean más claras y suaves. Puede planificar una ruta de vuelo para el UAV a través de su teléfono gracias a los waypoints. El modo sin cabeza te permite controlarlo en la dirección que desees sin distinguir la posición de la cabeza. La función de retorno automático asegura que siempre puede regresar al lugar original de forma segura.

Drone 4 y sus características:

Cuenta con vuelos inteligentes, manipulación por gestos de la mano, cámara HD 1080 a 30 fps, MP4, MPEG-4 AVC/H.264, estabilizador mecánico, objetivo profesional sensor 1/2.3", conectividad WIFI, peso de 300 g., batería LIPO inteligente para vuelo máximo de 16 minutos, dimensiones 143x143x55mm, diagonal 170mm, velocidad máxima 50 km/hora, descenso automático, regreso a casa, control de altitud y GPS. Almacenamiento de fotos y video por tarjeta micro SD.

Drone 5 y sus características:

Drone es un cuadricóptero pequeño cuenta con un procesador Intel, se controla con una app que se puede instalar en el teléfono inteligente o tableta. La batería le otorga una duración de vuelo de 13 minutos de vuelo. Calidad de vídeos HD 720 p y cámara de 5 megapíxeles para fotos.

Cabe resaltar que los profesores involucrados en este proyecto y autores de este libro se encargaron de comprar los drones, invirtiendo recursos propios. Los drones mencionados anteriormente, se seleccionaron por su resistencia, su facilidad de manejo, las medidas de seguridad que proporcionan, y pensando en drones para principiantes. Finalmente, con este proyecto se quiere acercar a los estudiantes a esta tecnología.

Constructivismo

Metodología constructivista

- La corriente constructivista equipara el aprendizaje con la creación de significados a partir de experiencias (Bednar et al. 1991).

Imagen 2. Metodología constructivista.

Aprendizaje colaborativo

Metodología de aprendizaje colaborativo

- Desde la etimología, colaborar del latín "co-laborare", "laborare cum" y significa "trabajar juntamente con". Cooperar, del latín "co-operare", "operare cum", significa trabajo, pero además significa ayuda, interés, servicio y apoyo. Corominas y Pascual (2007) así, cooperar amplía su significado hacia ayudar a, apoyo mutuo, interesarse por, etc.

Imagen 3. Metodología de aprendizaje colaborativo.

Inteligencias Múltiples

Metodología de inteligencias múltiples

- Gardner (2005) "Una inteligencia implica la habilidad necesaria para resolver problemas o para elaborar productos que son de importancia en un contexto cultural o en una comunidad determinada"

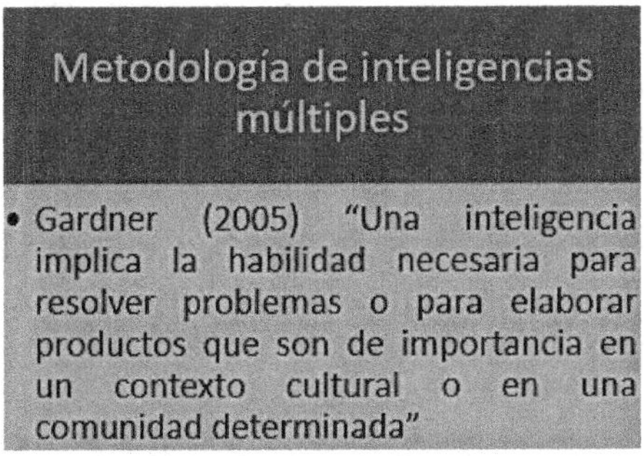

Imagen 4. Metodología de inteligencias múltiples.

Aprendizaje Basado en proyectos

Aprendizaje Basado en proyectos

- De acuerdo a Guido (2006) "un proyecto es un esfuerzo para lograr un objetivo específico por medio de una serie particular de tareas interrelacionadas y la utilización eficaz de recursos." Pimienta (2012) "los proyectos son una metodología integradora que plantea la inmersión del estudiante en una situación o una problemática real que requiere solución o comprobación. Se caracteriza por aplicar de manera práctica una propuesta que permite solucionar un problema real desde diversas áreas de conocimiento, centrada en actividades y productos de utilidad social."

Imagen 5. Aprendizaje Basado en proyectos.

Aprender haciendo

Aprender Haciendo

- Dewey (1899) "plantea la pedagogía de la experiencia, el principio que abraza es el de la función educativa de la experiencia. La necesidad de comprobar el pensamiento por medio de la acción si se quiere que éste se convierta en conocimiento, la experiencia permite aprender sustancial y significativamente, se aprende mejor cuando se hace que el estudiante participe del conocimiento, que el estudiante participe manipulado, probando, creando. Al experimentar los estudiantes generan procesos de pensamientos críticos y reflexivos que los llevan a apropiarse de los conocimientos y llegar al aprendizaje significativo"

Imagen 6. Aprender haciendo.

Gamificación

Gamificación

- De acuerdo a Rodríguez y Santiago (2015) "La gamificación en el terreno de la educación no es otra cosa que llevar la motivación al proceso de enseñanza y aprendizaje, mediante la incorporación de elementos y técnicas de juego."

Imagen 7. Gamificación.

Aprendizaje Significativo

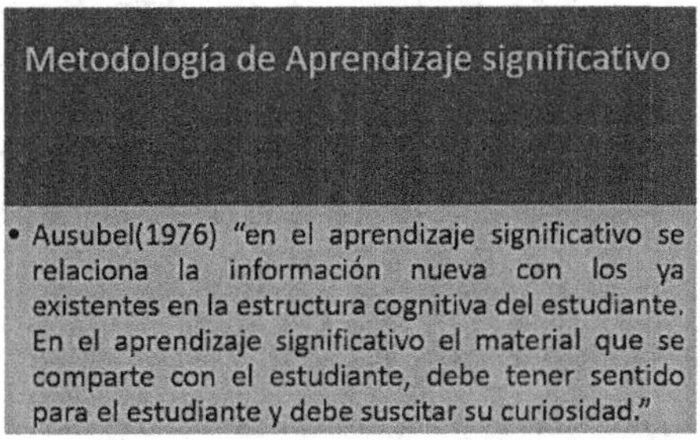

Imagen 8. Metodología de aprendizaje significativo.

5

Estrategias didácticas

¿Qué es una estrategia didáctica?

De acuerdo con Díaz (1998) "son procedimientos y recursos que utiliza el docente para promover aprendizajes significativos, facilitando intencionalmente un procesamiento del contenido nuevo de manera más profunda y consciente" (p.19).

Tébar (2003) "procedimientos que el agente de enseñanza utiliza en forma reflexiva y flexible para promover el logro de aprendizajes significativos en los estudiantes" (p.7).

Para el caso de este Proyecto "Learning to Fly Drones en la Universidad" se crearon y se usaron diferentes estrategias didácticas con el uso de drones con la finalidad de acercar esta tecnología a los jóvenes universitarios, al ser estudiantes de Ingeniería y Computación era importante incluir las TIC (Tecnologías de Información y Comunicaciones) en todas las etapas del proceso de enseñanza-aprendizaje, de igual forma se incluyeron herramientas de la Web para implementar estas estrategias, todo esto acorde a los estudiantes que tenemos bajo nuestra responsabilidad, jóvenes universitarios que crecieron con el uso de la tecnología. También era muy importante que estas estrategias didácticas se enfocaran en cumplir los objetivos planteados en el contexto de enseñanza y aprendizaje en el que se implementaron, esto es, de acuerdo a los planes de estudio de las materias en las que se implementaron.

Tipos de estrategias didácticas

De acuerdo con Alonso-Tapia (1997) "existen dos grandes tipos de estrategias didácticas: las de aprendizaje y las de enseñanza. Las de enseñanza son utilizadas por el agente de enseñanza para promover y facilitar el aprendizaje significativo de los estudiantes. Las de aprendizaje son utilizadas por el estudiante para reconocer, aprender y aplicar la información y contenido."

Para el caso de este Proyecto "Learning to Fly Drones en la Universidad" se utilizaron los dos tipos de estrategias didácticas tanto de enseñanza, como de aprendizaje, todo se ajustó a los objetivos de los planes de estudio de las materias en las que se involucraron las estrategias didácticas.

A continuación, en este libro detallamos las estrategias utilizadas a detalle con la finalidad de compartir nuestra experiencia con otros.

Monereo (1997) "las estrategias en general comparten elementos, aspectos o rasgos en común que son considerados componentes fundamentales:"

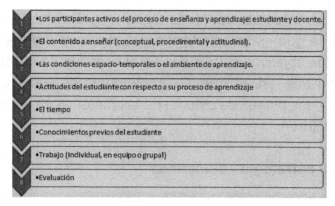

1 •Los participantes activos del proceso de enseñanza y aprendizaje: estudiante y docente.

2 •El contenido a enseñar (conceptual, procedimental y actitudinal).

3 •Las condiciones espacio-temporales o el ambiente de aprendizaje.

4 •Actitudes del estudiante con respecto a su proceso de aprendizaje

5 •El tiempo

6 •Conocimientos previos del estudiante

7 •Trabajo (individual, en equipo o grupal)

8 •Evaluación

Imagen 9. Estrategias utilizadas.

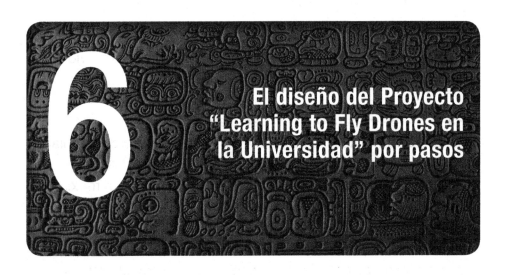

6

El diseño del Proyecto "Learning to Fly Drones en la Universidad" por pasos

Diseñamos una serie de estrategias didácticas basadas en las teorías y metodologías de aprendizaje presentadas anteriormente e implementadas en cada ciclo escolar (semestre) entre nuestros estudiantes siguiendo los pasos generales que a continuación se detallan:

Paso 1.- Capacitamos a los estudiantes universitarios en el uso y manejo de los drones. Esto es, los estudiantes aprendieron a volar los drones, enseñamos a los estudiantes también las características de cada drone, sus funcionalidades, las medidas de seguridad que se deben seguir, y los usos científicos de los drones, explicándoles a los estudiantes los usos que se les han dado a los drones para la reforestación de los campos, en el salvamento de seres humanos, el monitoreo de la contaminación en las ciudades, y otros tipos de proyectos con drones que se han implementado por diversas Universidades y empresas en el mundo.

Paso 2.- Capacitamos a los estudiantes universitarios en el manejo de TIC (Tecnologías de la Información y

Comunicaciones), software de edición de audio, video, imágenes, videos y animaciones.

Paso 3.- Se propuso a los estudiantes el desarrollo de un proyecto con el uso de drones y TIC, el proyecto a desarrollar por los estudiantes universitarios siempre se trabajó por equipos pequeños de estudiantes, equipos de 3 a un máximo de 5 integrantes.

Paso 4.- Se capacitó a los estudiantes universitarios en el uso de herramientas de la Web, esto de acuerdo con la estrategia didáctica desarrollada por los profesores en cada ciclo escolar.

Paso 5.- Se capacitó a los estudiantes en el uso y manejo correcto de los diversos drones en horario de clase presencial.

Paso 6.- Se les proporcionó un drone a cada equipo de estudiantes universitarios.

Paso 7.- Los estudiantes universitarios desarrollaron el proyecto propuesto con drones en cada ciclo escolar, para lo cual se establecían fechas de entrega de proyecto.

Paso 8.- Los profesores, asesorábamos a los estudiantes universitarios, revisábamos avances de los estudiantes en el desarrollo del proyecto propuesto, en los casos que se requería, acompañábamos a los estudiantes a los lugares planteados por el proyecto, para que los estudiantes realizaran el trabajo con los drones. Los profesores realizábamos el seguimiento de los proyectos tanto de forma virtual a través de una plataforma de gestión de proyectos, como de forma presencial en horario de clase, realizábamos retroalimentación del proyecto de los estudiantes tanto de forma virtual, como de forma presencial.

Paso 9.- Los profesores presentábamos resultados parciales de este Proyecto "Learning to Fly Drones en la Universidad" en congresos y a través de revistas de divulgación científica, con la finalidad de transmitir nuestra experiencia a otros profesores de otras instituciones educativas.

Paso 10.- Los profesores y algunos estudiantes universitarios compartimos presentaciones y videos sobre el uso de drones en otras instituciones educativas primarias, principalmente públicas de Guadalajara, Jalisco, México, así como una demostración del uso de drones en la institución educativa visitada, de forma que otros estudiantes se beneficiaron y aprendieron con este proyecto. Agradecemos a las escuelas, directores, profesores y estudiantes de otras instituciones que nos permitieron compartir con ellos este proyecto.

En las siguientes páginas de este libro describimos cada estrategia didáctica diseñada e implementada para el Proyecto "Learning to Fly Drones en la Universidad".

Es importante mencionar que al final de la implementación de cada estrategia didáctica utilizamos una serie de instrumentos para recolectar datos que nos sirvieran para posteriormente mejorar las estrategias didácticas a forma de retroalimentación, los instrumentos de recolección de datos se detallan a continuación.

7

Instrumentos de recolección de datos

Se trabajó con diversos instrumentos para la recolección de datos resultado del proceso de implementación de las estrategias didácticas mencionadas más adelante en este libro.

Los instrumentos de recolección de datos utilizados son los siguientes:

Proceso de observancia: Los profesores capturamos fotos y videos cuando los estudiantes manipulaban los drones y cuando trabajaban en equipos en el salón de clases, algunas de estas fotos se muestran en este libro.

Audio-comentarios: Los profesores solicitamos a los estudiantes que grabaran un audio en el que comentaban su experiencia de trabajar con los drones, esto a través de las participaciones que tuvieron en diferentes semestres escolares y en diferentes estrategias didácticas. Estos audio-comentarios quedaron publicados en sitios Web que los profesores reservamos para esta finalidad, los profesores también respaldamos estos audio-comentarios, de esta forma obtuvimos información importante que nos ayudó a pulir cada estrategia didáctica.

Cuestionarios tipo Likert: Los profesores solicitamos a los estudiantes contestar cuestionarios tipo Likert para saber la opinión de los estudiantes sobre las diferentes estrategias didácticas implementadas. Para observar un ejemplo de los cuestionarios tipo Likert utilizados ver el anexo 3 de este libro.

Cuestionarios no estructurados: Los profesores solicitamos a los estudiantes de las primarias visitadas contestar cuestionarios no estructurados con la finalidad de saber que aprendían los estudiantes de primaria sobre el tema de drones.

Entrevistas: Los profesores realizamos entrevistas a estudiantes universitarios para saber su opinión sobre su participación en las diversas estrategias didácticas que se presentan en este libro, las entrevistas se grabaron en forma de audio.

Grupos de discusión: Los profesores solicitamos a los estudiantes trabajar en equipos en el salón de clases y teniendo como tema de discusión central los drones y los proyectos sobre los que trabajaron los grupos de estudiantes era referente al tema de drones.

Debates grupales: Los profesores exponíamos sobre el tema de drones y se propiciaba el debate sobre el tema de forma grupal.

Posteo en blog: Los estudiantes dejaban su opinión en blogs a través de un post o comentario, ver anexo 3.

7.1 Estrategia didáctica 1 (drones, TIC y herramientas de la Web)

Título de la estrategia didáctica

Creando galerías virtuales a partir de fotografías aéreas capturadas con drones en la universidad

Introducción a la estrategia didáctica

Esta estrategia tiene como finalidad enseñar a estudiantes universitarios a manipular y volar drones, con la finalidad de acercar a los estudiantes a este tipo de tecnología, así mismo lograr interesarlos por las fotos aéreas que se pueden lograr con los drones a través de la creación de galerías virtuales de lugares emblemáticos de Jalisco, y otras partes de la República Mexicana. Estas galerías virtuales son creadas a partir de las fotos aéreas que los estudiantes universitarios y profesores involucrados en este proyecto capturan de los lugares que se visitan, se publican a través de una herramienta de software gratuita de creación de galerías a través de Internet, los profesores administran esta herramienta de software de creación de galerías virtuales en un hosting privado que reservan para dicho fin, el objetivo principal de publicar las galerías creadas a partir de las fotos tomadas con drones por Internet es fomentar la cultura, la identidad y el amor por nuestro hermoso Estado de Jalisco y de otros Estados de nuestra hermosa República Mexicana y que otras personas disfruten de estas galerías virtuales. En este proyecto se trabajó con estudiantes universitarios de la carrera de Ingeniería en Informática y Computación de una Universidad de Guadalajara, Jalisco, México, esto durante los meses de agosto-noviembre del 2017 y febrero-junio del 2018.

7.1.1 Requerimientos para implementar la estrategia didáctica 1

Hardware

1. Drones
2. Laptop

Software (TIC)

Software de edición de imágenes.

Herramientas de la Web

Se utilizó la herramienta de software gratuita ZenPhoto que se aloja en un hosting que los profesores involucrados en este estudio pagamos anualmente. ZenPhoto es un programa que permite publicar imágenes (para el caso de este estudio se utilizan fotografías aéreas capturadas con drones) y presentarlas en la Web, este tipo de software es utiliza para mostrar varias imágenes.

Características de la herramienta ZenPhoto:

*   Permite cargar imágenes, en este caso fotos.
*   Crear álbumes de fotos.
*   Crear galerías de fotos.
*   Interfaz simple.
*   Soporta diferentes idiomas.
*   Permite etiquetar fotos.
*   Permite administrar los contenidos en este caso fotos.
*   Permite que múltiples usuarios puedan administrar el contenido, en este caso fotos.

- Se puede modificar la apariencia de las galerías a través de la selección de plantillas.

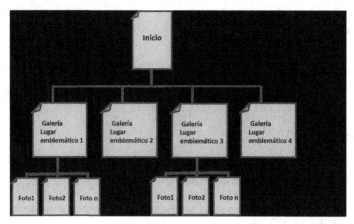

Imagen 10. Estructura básica sitio Web y las galerías virtuales.

7.1.2 Estrategia didáctica 1 por pasos

En esta estrategia didáctica 1, participaron 67 estudiantes universitarios de las carreras de Ingeniería en Computación e Informática de una Universidad pública de Guadalajara, Jalisco, México. Sus edades están entre los 22 y 26 años.

1. Los profesores compramos drones para esta estrategia didáctica con recursos propios.
2. Los profesores instalamos la herramienta de software gratuita ZenPhoto en un hosting propio, con la finalidad de generar el espacio necesario para crear las galerías virtuales con las fotos aéreas tomadas con drones.
3. Los profesores en horario de clases instruimos a los estudiantes en el uso de los diferentes drones. Y explicamos los requerimientos de su proyecto, en este caso se solicitó a los estudiantes 35 fotografías aéreas

con drones del lugar emblemático asignado por el profesor.

Imagen 11. Foto de los estudiantes aprendiendo a manejar drones.

Imagen 12. Foto de los estudiantes aprendiendo a manejar drones en equipos.

4. Los estudiantes formaron equipos y los profesores les facilitamos un drone por equipo.
5. Los profesores asignamos a los equipos un lugar emblemático de Jalisco, que los estudiantes y profesores visitaron para realizar las fotos aéreas correspondientes.
6. Los profesores instruimos a los estudiantes sobre el uso de la herramienta de software gratuita ZenPhoto para crear las galerías virtuales.
7. Finalmente, los estudiantes crearon sus galerías virtuales online, cargando las fotos aéreas tomadas con los drones de lugares emblemáticas de Jalisco.

7.1.3 Competencias desarrolladas por los universitarios a través de la participación en la estrategia didáctica 1

Autogestión: En esta investigación los estudiantes universitarios fueron autogestivos al asistir junto con los profesores al lugar emblemático de Jalisco y donde los estudiantes volaron los drones y realizaron fotos aéreas, así mismo los estudiantes crearon sus galerías virtuales en el espacio reservado por los profesores para tal efecto.

Trabajo colaborativo: Los profesores proporcionamos el espacio en internet para que los estudiantes publicaran en ese espacio las galerías virtuales que contenían las fotos aéreas logradas con los drones, finalmente se construyó una galería virtual colaborativa con la participación de todos los estudiantes y profesores involucrados en el estudio por lo que se trabajó de forma colaborativa.

Competencias digitales: En esta investigación los estudiantes adquirieron competencias digitales, tuvieron acceso, adoptaron, se adaptaron y se apropiaron de forma innovadora al uso de TIC y manejo de drones para realizar sus fotos aéreas de lugares emblemáticos de Jalisco y crear sus galerías virtuales.

7.1.4 Resultados estrategia didáctica 1

- Un total de 67 estudiantes universitarios de las carreras de Ingeniería en Computación e Informática aprendieron a manipular y usar drones correctamente.
- Adquirieron competencias como autogestión, trabajo colaborativo y competencias digitales propias de los estudiantes del siglo XXI.
- Se creó un sitio Web con las galerías virtuales.

Imagen 13. Sitio Web que contiene las galerías virtuales creadas con fotos aéreas tomadas con drones.

- Se crearon 15 galerías virtuales de los siguientes lugares emblemáticos de Jalisco: Cajititlán, Ajijic, Chapala, Parque Agua Azul, Bosque la Primavera, Puerto Vallarta, Barranca de Huentitán, edificios emblemáticos como Templo Expiatorio, Catedral, Edificio de Rectoría de UDG, Hospicio Cabañas, Rotonda de los hombres ilustres, Panteón de Belén y Guachimontones.

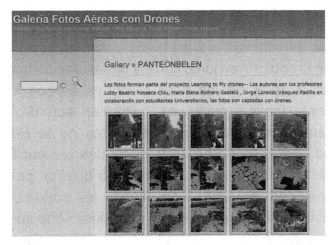

Imagen 14. Galería Virtual de Panteón de Belén.

- Se agregó una galería virtual de Chiapas.
- Se tomaron 758 fotos de los lugares emblemáticos mencionados anteriormente con la que se construyeron las galerías virtuales.
- Los profesores consideramos que las competencias que los estudiantes universitarios alcanzaron en este estudio les servirán en su vida laboral y académica.

7.2 Estrategia didáctica 2 (drones, TIC y herramientas de la Web)

Título de la estrategia didáctica

Drones más TICS para conservar el patrimonio documental como fundamento de la memoria y de la cultura de Guadalajara en la Universidad

Introducción a la estrategia didáctica

Esta estrategia didáctica tiene por finalidad enseñar a estudiantes universitarios a manipular drones, con la finalidad de acercar a los estudiantes a este tipo de tecnología, así mismo los estudiantes universitarios después de aprender a volar drones construyen junto con los profesores cortometrajes culturales a partir de las fotos y videos aéreos logrados con drones, los cortometrajes culturales son de lugares emblemáticos de Jalisco, y otras partes de la República Mexicana. Estos cortometrajes culturales se publican en un canal de YouTube y en un sitio Web que los profesores administran con la finalidad de difundir los cortometrajes y fomentar la cultura, conservar el patrimonio documental, la identidad y el amor por nuestro hermoso Estado de Jalisco y de otros estados de la República Mexicana. En este proyecto se trabajó con estudiantes universitarios de la carrera de Ingeniería en Informática y Computación de una Universidad de Guadalajara, Jalisco, México.

7.2.1 Requerimientos para implementar la estrategia didáctica 2

Hardware

1. Drones (uso de drones mencionados anteriormente en este libro).
2. Laptop

Software (TIC)

Software de edición de imágenes, videos, audio y animaciones.

Herramientas de la Web

Se desarrolló un sitio Web usando el CMS (sistema de gestión de contenidos) Wordpress de licencia GPL que los profesores administramos en un hosting que pagamos anualmente. Se habilitó un canal de YouTube para compartir los videos.

7.2.2 Estrategia didáctica 2 por pasos

En esta estrategia didáctica 2, participaron 67 estudiantes universitarios de las carreras de Ingeniería en Computación e Informática de una Universidad pública de Guadalajara Jalisco, México. Sus edades están entre los 22 y 26 años.

1. Los profesores compramos drones para la actividad con recursos propios.

2. Los profesores construimos el sitio Web que serviría de repositorio para los videos cortometrajes culturales elaborados de lugares emblemáticos de Jalisco y otras partes de la República Mexicana.

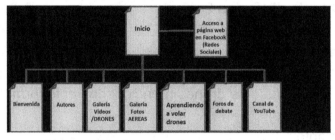

Imagen 15.- Carta de Navegación del sitio Web desarrollado por profesores.

3. Los profesores en horario de clases explicamos el proyecto y los requerimientos del proyecto que los estudiantes tenían que entregar, así mismo, instruimos a los estudiantes en el uso de los diferentes drones, y los capacitamos en (TIC), uso de software de edición de imágenes, audios, videos y animaciones.

Entre los requerimientos del proyecto "cortometraje cultura de un lugar emblemático" se encontraban: El cortometraje debía contener como mínimo una duración de 3 minutos de videos aéreos, fotografías aéreas capturadas con el drone, el cortometraje debía durar un mínimo de 5 minutos y un máximo de 10. Debía de tener una voz en off proporcionando información relevante del lugar emblemático visitado.

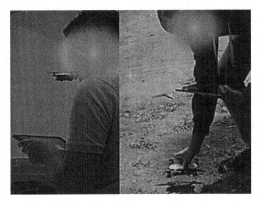

Imagen 16. Fotos los estudiantes
aprendiendo a manejar drones.

4. Los estudiantes formaron equipos y los profesores les facilitamos un drone por equipo.

5. Los profesores asignamos a los equipos un lugar emblemático de Jalisco, que los estudiantes y profesores visitaron para realizar las fotos y videos aéreos correspondientes.

6. Los estudiantes entregaron sus videos cortometrajes culturales de los lugares emblemáticos de Jalisco al profesor.

7. Finalmente, los profesores se encargaron de publicarlos en el canal de YouTube y embeberlos en el sitio Web que se construyó para el proyecto.

7.2.3 Competencias desarrolladas por los universitarios a través de la participación en la estrategia didáctica 2

*   Autogestión
*   Pensamiento crítico
*   Trabajo colaborativo
*   Competencias digitales

Los estudiantes universitarios desarrollaron la competencia de la autogestión ya que debían mantenerse motivados para concluir su proyecto, desarrollaron el pensamiento crítico ya que investigaron datos relevantes sobre el lugar emblemático visitado, y tenían que analizar, razonar, que información era más conveniente agregar al cortometraje (video) cultural, adquirieron la competencia del trabajo colaborativo debido a que tenían que colaborar en equipos para terminar el proyecto.

7.2.4 Resultados estrategia didáctica 2

- Un total de 67 estudiantes universitarios de las carreras de Ingeniería en Computación e Informática aprendieron a manipular y usar drones correctamente.
- Adquirieron competencias como autogestión, trabajo colaborativo, pensamiento crítico y competencias digitales propias de los estudiantes del siglo XXI.
- Se creó un sitio Web.

Imagen 17. Sitio Web desarrollado por profesores.

- Un canal de YouTube.
- En el calendario escolar de los meses de agosto-diciembre del año 2017 se crearon 7 videos cortometrajes culturales de los siguientes lugares emblemáticos de Jalisco: Ajijic, Lago de Chapala, edificios emblemáticos de Guadalajara como la Catedral, Expiatorio, Hospicio Cabañas, edificio

de Rectoría de la Universidad de Guadalajara, la Minerva, Puente Matute Remus, Barranca de Huentitán, entre otros. Se creó un video cortometraje documental sobre lugares emblemáticos de Chiapas. Para el calendario escolar de los meses de febrero-junio del año 2018 se crearon videos cortometrajes culturales de los siguientes lugares emblemáticos de Jalisco: Tlaquepaque, Zapopan, Rotonda de los Jaliscienses Ilustres, parques representativos de Guadalajara, Cajititlán y Puerto Vallarta.

7.3 Estrategia didáctica 3 (drones, TIC y herramientas de la Web)

Título de la estrategia didáctica

Blog colaborativo para publicar videos culturales desarrollados a partir de tomas aéreas logradas con drones en la universidad

Introducción a la estrategia didáctica

Esta estrategia didáctica tiene como finalidad enseñar a estudiantes universitarios a manipular y volar drones, con la finalidad de acercar a los estudiantes a este tipo de tecnología, así mismo lograr interesarlos por las fotos y videos aéreos que se pueden lograr con los drones a través de la creación de videos culturales de lugares emblemáticos de Jalisco, y otras partes de la República Mexicana. Estos videos culturales se publican a través de Internet en un blog que los profesores involucrados en este proyecto administran. **El objetivo de publicar los videos culturales por Internet a través del blog es difundir los videos entre la comunidad estudiantil**, fomentar la cultura, la identidad y el amor por nuestro hermoso estado de Jalisco y de otros estados de nuestra hermosa República Mexicana. En este proyecto se trabajó con estudiantes universitarios de la carrera de Ingeniería en Informática y Computación de una Universidad de Guadalajara, Jalisco, México, esto durante los meses de agosto-noviembre del 2017 y febrero-junio del 2018.

7.3.1 Requerimientos para implementar la estrategia didáctica 3

Hardware

1. Drones (uso de drones mencionados en el capítulo 1 de este libro).
2. Laptop

Software (TIC)

Software de edición de imágenes, video y audio.

Herramientas de la Web

Se utilizó Blog que se ubica en hosting que los profesores autores de este libro pagan anualmente.

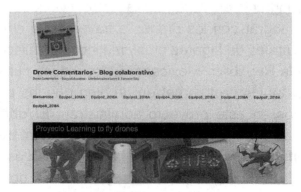

Imagen 18. Blog colaborativo.

7.3.2 Estrategia didáctica 3 por pasos

En esta estrategia didáctica 3, participaron 34 estudiantes universitarios de las carreras de Ingeniería en Computación e Informática de una Universidad pública de Guadalajara, Jalisco, México. Sus edades están entre los 22 y 26 años.

1. Los profesores compramos drones con recursos propios para la actividad.
2. Los profesores construimos un blog en un hosting propio, donde se publicaron los videos creados por los estudiantes universitarios en colaboración con los profesores. Es importante resaltar que el blog se desarrolló usando Wordpress que es un CMS de software libre.
3. Los profesores en horario de clases capacitamos a los estudiantes en el uso de los diferentes drones, así como en el uso de diferente software de edición de audio, imágenes y video.

Imagen 19. Foto de los estudiantes aprendiendo a manejar drones.

4. Los estudiantes formaron equipos y los profesores les facilitamos un drone por equipo.
5. Los profesores asignamos a los equipos un lugar emblemático de Jalisco, que los estudiantes y profesores visitaron para realizar las fotos y videos aéreos correspondientes.

6. Los estudiantes crearon su video cultural, usando las fotos y videos aéreos tomados con los drones de lugares emblemáticos de Jalisco. Cabe señalar que los profesores estuvimos revisando avances de la edición del video cultural a través de una plataforma de gestión de proyectos por Internet que se habilitó para dicho fin, de forma que los estudiantes entregaron la escaleta de su video, los avances de tomas aéreas (fotos y videos) realizadas con drones, investigación sobre los lugares visitados, cronogramas de actividades, etc.

Imagen 20. Galerías virtuales de Fotos aéreas tomadas con drones publicadas en el blog.

7. Los profesores publicamos los videos culturales y las fotos aéreas logradas con los drones en el blog.

Imagen 21. Video cultural con drones publicado en el blog.

8. Los estudiantes compartieron el blog con otros estudiantes, mismos que dejaron sus comentarios sobre los videos culturales en el blog.

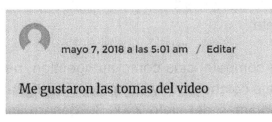

mayo 7, 2018 a las 5:01 am   / Editar

Me gustaron las tomas del video

Imagen 22. Ejemplo blog 1.

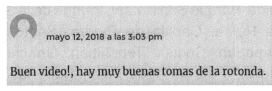

mayo 12, 2018 a las 3:03 pm

Buen video!, hay muy buenas tomas de la rotonda.

Imagen 23. Ejemplo blog 2.

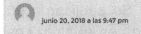

junio 20, 2018 a las 9:47 pm

Es muy interesante el trabajo que se puede lograr con este tipo de tecnología, lo fácil que es capturar escenarios tan bellos como los hay en esta ciudad. Espero que en un futuro todo este trabajo pueda ir más allá y que nos ayude a comprender y expandir nuestros conocimientos tecnológicos y culturales.

Imagen 24. Comentarios de estudiantes invitados publicados en el blog.

7.3.3 Competencias desarrolladas por los universitarios a través de la participación en la estrategia didáctica 3

- Autogestión
- Trabajo colaborativo
- Pensamiento crítico
- Competencias digitales

7.3.4 Resultados estrategia didáctica 3

Finalmente podemos concluir que un total de 34 estudiantes universitarios aprendieron a manipular y usar drones correctamente.

Adquirieron competencias como autogestión, pensamiento crítico, trabajo colaborativo y competencias digitales propias de los estudiantes del siglo XXI. Se desarrollaron videos culturales de: Hospicio Cabañas, Rotonda de los Jaliscienses Ilustres, la Catedral, Plaza Tapatía, Tlaquepaque, Tonalá, Parque Alcalde, Parque San Rafael, Parque de la Solidaridad, Cerro de la Reina, Capilla de Piedra, Santuario de los Mártires, Zapopan, Cocula, Teuchitlán, Guachimontones, Puerto Vallarta, Parque Agua Azul, Bucerías, Boca de Tomatlán. Y se construyó de un blog colaborativo. En 15 días los estudiantes universitarios compartieron sus videos a través del blog con otros 77 estudiantes mismos que publicaron sus comentarios en el blog. Se publicaron 90 fotos en las galerías virtuales disponibles en el blog. Los profesores consideramos que las competencias que los estudiantes universitarios alcanzaron en este estudio les servirán en su vida laboral y académica.

7.4 Estrategia didáctica 4 (drones, TIC y herramientas de la Web)

Título de la estrategia didáctica

Drones para crear videos culturales de lugares emblemáticos de Guadalajara. Una estrategia didáctica para desarrollar la creatividad y el trabajo colaborativo entre universitarios.

Introducción a la estrategia didáctica

Esta estrategia didáctica tiene como finalidad difundir los resultados de enseñar a estudiantes universitarios a manipular drones, con la finalidad de acercar a los estudiantes a este tipo de tecnología, así mismo lograr interesarlos por las fotos y videos aéreos que se pueden lograr con los drones a través de la creación de cortometrajes culturales de lugares emblemáticos de Jalisco, y otras partes de la República Mexicana. Estos cortometrajes culturales creados a partir de videos y fotos aéreas, por parte de los estudiantes universitarios y profesores involucrados en este proyecto, se publican en un canal de YouTube y en un sitio Web que los profesores administran con la finalidad de difundir los cortometrajes y fomentar la cultura, la identidad y el amor por nuestro hermoso estado de Jalisco y de otros estados de nuestra hermosa República Mexicana, así **mismo es una estrategia didáctica implementada para desarrollar la creatividad y fomentar el trabajo colaborativo entre los estudiantes universitarios.** En este proyecto se trabajó con estudiantes universitarios de la carrera de Ingeniería en Informática inscritos en la materia de Hipermedia que se imparte en una Universidad de Guadalajara, Jalisco, México.

7.4.1 Requerimientos para implementar la estrategia didáctica 4

Hardware

1. Drones (uso de drones mencionados en el capítulo 1 de este libro).
2. Laptop

Software (TIC)

Software de edición de imágenes, audio, video y animaciones.

Herramientas de la Web

Sitio Web desarrollado por los profesores con el CMS (Sistema gestor de contenidos) Wordpress de licencia GPL.

7.4.2 Estrategia didáctica 4 por pasos

En esta estrategia didáctica 4, participaron 67 estudiantes universitarios de las carreras de Ingeniería en Computación e Informática de una Universidad pública de Guadalajara, Jalisco, México. Sus edades están entre los 22 y 26 años.

Estrategia didáctica implementada
1.-Enseñar a los estudiantes a volar y manipular drones, y proporcionarles las herramientas necesarias (drones y espacios virtuales) para realizar su proyecto.
2.-Llevar a los estudiantes por equipos a lugares emblemáticos de Guadalajara a realizar tomas de fotos y videos aéreos con los drones.
3.-Enseñar a los estudiantes a editar fotos, audios y videos usando software especializado.
4.-Enseñar a los estudiantes a utilizar un software de gestión de proyectos online.
5.-Hacer un seguimiento del avance en la creación del video cultural con una plataforma online de gestión de proyectos.
6.-Preparar los espacios virtuales (sitios web, página web de Facebook, galería virtual de fotos, canal de YouTube, otros) para publicar y difundir los videos culturales.
7.-Motivar a los estudiantes para que logren terminar su proyecto.

Imagen 25. Estrategia didáctica diseñada e implementada por los profesores.

Participa en la estrategia didáctica
1.- Productividad (genera investigación sobre el uso de drones en el ámbito científico).
2.-Aprende a usar y manipular drones (en conjunto con su equipo y bajo la asesoría del profesor).
3.-Interactúa con otros en su equipo para generar el video cultural de un lugar emblemático de Guadalajara.
4.-El objeto de estudio es el uso y manejo de drones.
5.-Usa la tecnología de forma creativa, hardware (drones) y software para la construcción de video cultural (software para la edición de audio, video y fotos, plataforma de gestión de proyectos online, construcción de sitios web y manejo de redes sociales).
6.-La interacción digital se propicia a través del uso de software de gestión de proyectos y manejo de redes sociales).

Imagen 26- Participación de los estudiantes en la estrategia didáctica propuesta por los profesores.

Imagen 27. Participación de los estudiantes en la estrategia didáctica propuesta por los profesores.

Imagen 28. Estudiantes trabajando de forma colaborativa en la estrategia didáctica propuesta por los profesores.

Imagen 29. Resultado de la estrategia didáctica generada.

En esta estrategia didáctica los profesores elaboramos un **Test** para poder **obtener los datos sobre los rasgos de la personalidad creativa, que los estudiantes universitarios consideran haber desarrollado participando en esta estrategia didáctica.** Este **Test** lo contestaron los estudiantes universitarios que participaron en esta estrategia didáctica durante el calendario escolar comprendido entre los meses de febrero-junio del año 2018, participaron por lo tanto 28 estudiantes.

7.4.3 Competencias desarrolladas por los universitarios a través de la participación en la estrategia didáctica 4

- Autogestión.
- Trabajo colaborativo.
- Competencias digitales.
- Pensamiento Crítico.
- Desarrollaron los rasgos de la personalidad creativa de:

1. *Motivación Intrínseca*
2. *Perseverancia*
3. *Capacidad para asumir riesgos*
4. *Tolerancia a la ambigüedad o a la incertidumbre*

5. *Apertura a las nuevas experiencias de aprendizaje*
6. *Autoconfianza*
7. *Independencia*

7.4.4 Resultados estrategia didáctica 4

Resultados de los rasgos de la personalidad creativa, que los estudiantes universitarios consideran haber desarrollado participando en esta estrategia didáctica.

Es importante mencionar que la encuesta para observar los rasgos de la personalidad creativa que los estudiantes universitarios desde su óptica creen haber desarrollado, se aplicó solo a 28 estudiantes de la materia de Hipermedia durante el calendario escolar comprendido los meses de febrero-junio del año 2018, obteniendo los siguientes resultados.

Descripción de la encuesta por secciones:

¿Qué características de esta lista consideras que desarrollaste al participar en el proyecto de drones en hipermedia?

Característica o rasgo

Motivación Intrínseca de forma:

a) Excelente b) Muy buena c) Buena d) Regular e) Mal

19 estudiantes consideran que adquirieron el rasgo de motivación intrínseca de forma excelente. 7 estudiantes consideran que adquirieron este rasgo de forma muy buena y 2 estudiantes de forma buena.

¿Por qué consideras que adquiriste esta característica o rasgo?

- Opinión Alumno 1: "La motivación intrínseca la adquirí porque grabamos en el lugar asignado para el proyecto".
- Opinión Alumno 2: "La motivación intrínseca la adquirí porque es una actividad muy diferente a las de las solicitadas en otras materias".
- Opinión Alumno 3: "Porque invertí tiempo fuera del horario de clase".
- Opinión Alumno 4: "Porque cada vez que teníamos un rato libre nos juntábamos el equipo para realizar el proyecto".
- Opinión Alumno 5: "Me gustaba volar el drone".

Perseverancia de forma:

a) Excelente b) Muy buena c) Buena d) Regular e) Mal

19 estudiantes consideran que adquirieron el rasgo de perseverancia de forma excelente. 5 estudiantes consideran que adquirieron este rasgo de forma muy buena y 4 estudiantes de forma buena.

¿Por qué consideras que adquiriste esta característica o rasgo?

- Opinión Alumno 1: "Porque realicé las tomas y ediciones sin importar tareas y proyectos de otras clases".
- Opinión Alumno 2: "Porque cada vez que teníamos un problema lo resolvimos".
- Opinión Alumno 3: "Porque aprendí e investigué más sobre el drone".
- Opinión Alumno 4: "En muchas ocasiones necesite grabar más de una vez con el drone".
- Opinión Alumno 5: "Aunque al principio no fue fácil, seguimos intentándolo hasta lograr el objetivo".

Capacidad para asumir riesgos de forma:

a) Excelente b) Muy buena c) Buena d) Regular e) Mal

19 estudiantes consideran que adquirieron el rasgo de capacidad para asumir riesgos de forma excelente. 7 estudiantes consideran que adquirieron este rasgo de forma muy buena y 2 estudiantes de forma buena.

¿Por qué consideras que adquiriste esta característica o rasgo?

- Opinión Alumno 1: "Asumimos el riesgo de volar el drone aún con el riesgo de estrellarlo y sacamos adelante el proyecto".
- Opinión Alumno 2: "Muchas veces los lugares que grabamos eran lugares turísticos por lo tanto muy concurridos, por lo que tomamos el riesgo de grabar con precaución".
- Opinión Alumno 3: "Excelente, porque no me escondí y aprendí a volar el drone".
- Opinión Alumno 4: "Al momento de aventarnos a volar el drone en zonas difíciles".
- Opinión Alumno 5: "Si el drone se hubiera dañado, pensamos en asumir el riesgo y repararlo".

Tolerancia a la ambigüedad o a la incertidumbre:

a) Excelente b) Muy buena c) Buena d) Regular e) Mal

18 estudiantes consideran que adquirieron el rasgo de tolerancia a la incertidumbre de forma excelente. 5 estudiantes consideran que adquirieron este rasgo de forma muy buena y 5 estudiantes de forma buena.

¿Por qué consideras que adquiriste esta característica o rasgo?

- Opinión Alumno 1: "Porque no sabía volar el drone, pero aprendí".
- Opinión Alumno 2: "Si, porque no sabíamos que sucedería o con que nos encontraríamos a los lugares que iríamos".
- Opinión Alumno 3: "Teníamos que estar atentos para no golpear nada con el drone".
- Opinión Alumno 4: "Porque no dejamos que las dificultades nos desmotivaran".
- Opinión Alumno 5: "Soportamos el cansancio".

Apertura:

a) Excelente b) Muy buena c) Buena d) Regular e) Mal

17 estudiantes consideran que adquirieron el rasgo de apertura de forma excelente. 9 estudiantes consideran que adquirieron este rasgo de forma muy buena y 2 estudiantes de forma buena.

¿Por qué consideras que adquiriste esta característica o rasgo?

- Opinión Alumno 1: "Aprendí nuevas cosas que me resultaron gratificantes".
- Opinión Alumno 2: "Quería tener la experiencia de volar el drone".
- Opinión Alumno 3: "Nos tomamos el tiempo para aprender a volar el drone".
- Opinión Alumno 4: "Si, porque estuve practicando y volando el drone en parques".

- Opinión Alumno 5: "Aprendí a utilizar también nuevas herramientas de edición de video y audio con las tomas realizadas con el drone".

Autoconfianza:

a) Excelente b) Muy buena c) Buena d) Regular e) Mal

9 estudiantes consideran que adquirieron el rasgo de autoconfianza de forma excelente. 8 estudiantes consideran que adquirieron este rasgo de forma muy buena, 8 estudiantes de forma buena y 3 de forma regular.

¿Por qué consideras que adquiriste esta característica o rasgo?

- Opinión Alumno 1: "Aunque tenía miedo de estrellar el drone, logré volarlo".
- Opinión Alumno 2: "Si, porque después de la práctica, era más sencillo volar el drone, y así adquirí más confianza".
- Opinión Alumno 3: "Volé el drone bajo, más alto no me animé".
- Opinión Alumno 4: "Bien, porque me tuve la confianza de volar el drone desde los primeros días a gran altura".
- Opinión Alumno 5: "Mejoré mi autoconfianza ya que me atrevía a hacer cosas nuevas".

Independencia:

a) Excelente b) Muy buena c) Buena d) Regular e) Mal

10 estudiantes consideran que adquirieron el rasgo de independencia de forma excelente. 6 estudiantes consideran

que adquirieron este rasgo de forma muy buena, 11 estudiantes de forma buena y 1 de forma regular.

¿Por qué consideras que adquiriste esta característica o rasgo?

- Opinión Alumno 1: "Algunas actividades las tuve que hacer solo en mi casa".
- Opinión Alumno 2: "Si, porque trabajé con mi equipo, pero también independientemente".
- Opinión Alumno 3: "Si, porque aparte de lo que hice en equipo, fui a volar el drone solo".
- Opinión Alumno 4: "Trabajé tanto en equipo como de forma independiente volando el drone en parques solo".
- Opinión Alumno 5: "Trabajé de forma independiente en la edición de imágenes, con ideas y propuestas de mejora, asumiendo mi rol y realizando avances de proyecto".

Finalmente podemos concluir que un total de 67 estudiantes de la materia de Hipermedia aprendieron a manipular y usar drones correctamente. Adquirieron competencias como autogestión, pensamiento crítico, trabajo colaborativo y competencias digitales propias de los estudiantes del siglo XXI. Se creó un sitio Web, un canal de YouTube y en el calendario escolar comprendido en los meses de agosto-diciembre del año 2017 se crearon 7 videos cortometrajes culturales de los siguientes lugares emblemáticos de Jalisco: Ajijic, Lago de Chapala, edificios emblemáticos de Guadalajara como la Catedral, Expiatorio, Hospicio Cabañas, edificio de Rectoría de la Universidad de Guadalajara, la Minerva, Puente Matute Remus, Barranca de Huentitán, entre otros. Se creó un video cortometraje documental sobre lugares emblemáticos de Chiapas. Para el calendario escolar comprendido los meses de febrero-junio del año 2018 se crearon videos cortometrajes culturales de los siguientes lugares emblemáticos de Jalisco: Tlaquepaque, Zapopan, Biblioteca Juan José Arreola, Rotonda de los Jaliscienses Ilustres, parques representativos de Guadalajara, templos emblemáticos de Guadalajara y Puerto Vallarta.

7.5 Estrategia didáctica 5 (drones, TIC y herramientas de la Web)

Título de la estrategia didáctica

Seguimiento de proyectos de hipermedia mediante el uso de software libre de gestión de proyectos.

Introducción a la estrategia didáctica

Esta estrategia didáctica tiene como finalidad difundir los resultados de enseñar a estudiantes universitarios a utilizar un software de gestión de proyectos online, con el objetivo de acercar a los estudiantes a este tipo de tecnología, así mismo los estudiantes universitarios aprenden a dar seguimiento del avance del equipo de proyectos de Hipermedia, se organizan, se envían y reciben mensajes a través de este software, suben archivos en diversos formatos (archivos de Word, .pdf, .zip, .rar), comparten imágenes, enlaces a discos duros virtuales donde comparten videos. El profesor encargado de la materia de Hipermedia puede observar el avance real de los equipos de proyectos a su interior. En esta investigación se trabajó con estudiantes universitarios de la carrera de Ingeniería en Informática y Computación inscritos en la materia de Hipermedia durante los calendarios escolares comprendidos los meses de agosto-diciembre del año 2017 y febrero-Julio del año 2018, esta materia se imparte en una Universidad de Guadalajara, Jalisco México.

7.5.1 Requerimientos para implementar la estrategia didáctica 5

Hardware

1. Drones (uso de drones mencionados en el capítulo 1 de este libro).
2. Laptop

Software (TIC)

Software de edición de imágenes, audio, videos y animaciones.

Software de gestión de proyectos online.

Herramientas de la Web

Se usó la herramienta de gestión de proyectos llamada Collabtive que es libre y gratuita. Este software de gestión de proyectos se instaló y configuró en un hosting que los profesores pagan anualmente.

Funcionalidades de este software Web de gestión de proyectos:

- Soporta múltiples proyectos.
- Seguimiento de actividades o tareas.
- Número ilimitado de usuarios.
- Los perfiles basados en roles de gestión.
- Mensajería instantánea.
- Permite subir archivos de todo tipo de formatos.

7.5.2 Estrategia didáctica 5 por pasos

En esta estrategia didáctica 1, participaron 67 estudiantes universitarios de las carreras de Ingeniería en Computación e Informática de una Universidad pública de Guadalajara Jalisco, México. Sus edades están entre los 22 y 26 años.

1. Los profesores compramos drones con recursos propios para la actividad.
2. Los profesores capacitamos a los estudiantes en el manejo de drones, los estudiantes formaron equipo y se les proporcionamos un drone por equipo, los llevamos a lugares emblemáticos de Jalisco para que realizaran las tomas (fotos y videos aéreos) de estos lugares.

Imagen 30. Estudiantes preparándose para volar el drone.

3. Los profesores en horario de clases de la materia de Hipermedia capacitamos a los estudiantes en el uso de diferente software de edición de imágenes, audios, videos y animaciones.
4. Los profesores instalamos el software de gestión de proyectos en un hosting propio y les proporcionamos a los estudiantes una capacitación sobre el uso del mismo, así mismo les facilitamos a los estudiantes sus

usuarios y contraseñas para ingresar a la plataforma de gestión de proyectos.

Imagen 31. Ventana de acceso al software de gestión de proyectos online.

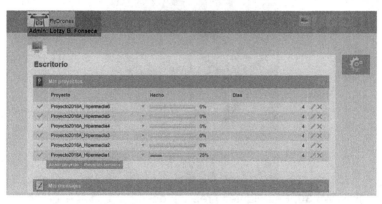

Imagen 32. Vista de administrador de todos los proyectos en el software de gestión de proyectos.

5. Los estudiantes entregaron avances de su Proyecto de Hipermedia (video cultural) a través del software de gestión de proyectos, en esta plataforma los estudiantes publicaron archivos de Word (escaleta del video), cronograma de actividades, investigaciones previas sobre el lugar emblemático visitado, fotos, archivos

.zip, archivos .pdf, enlaces a discos duros virtuales donde compartían cortos de videos aéreos que ellos lograron con los drones, a través de esta plataforma los estudiantes publicaban mensajes de forma que se ponían de acuerdo sobre el trabajo a realizar en la plataforma de gestión de proyectos y subieron audios.

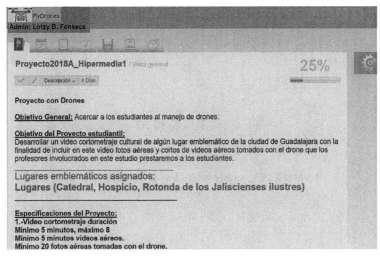

Imagen 33. Descripción de los proyectos de Hipermedia a través del software de gestión de proyectos.

Imagen 34. Archivos de fotografías y cortos de videos publicados por un equipo de estudiantes en la materia de Hipermedia a través del software de gestión de proyectos.

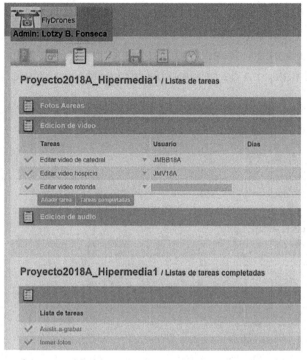

Imagen 35. Lista de tareas publicadas por un equipo de estudiantes en la materia de Hipermedia a través del software de gestión de proyectos.

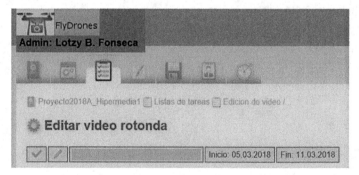

Imagen 36. Tarea completada por un estudiante y su seguimiento a través del software de gestión de proyectos.

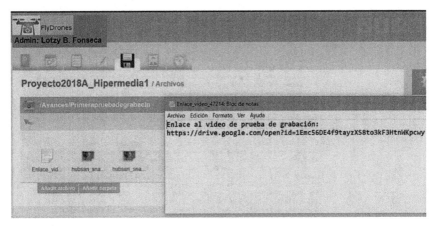

Imagen 37. Enlaces a discos duros virtuales publicados
por un equipo de estudiantes en la materia de Hipermedia
a través del software de gestión de proyectos.

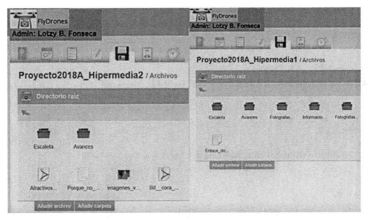

Imagen 38. Archivos en diferentes formatos publicados
por un equipo de estudiantes en la materia de Hipermedia
a través del software de gestión de proyectos.

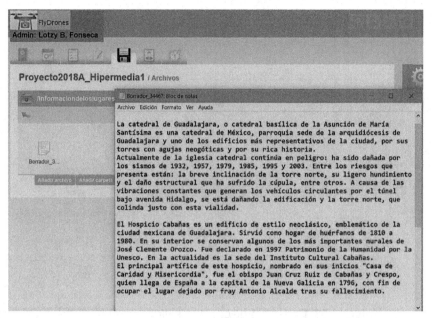

Imagen 39. Archivos de texto como avance de la investigación del lugar emblemático publicados por un equipo de estudiantes en la materia de Hipermedia a través del software de gestión de proyectos.

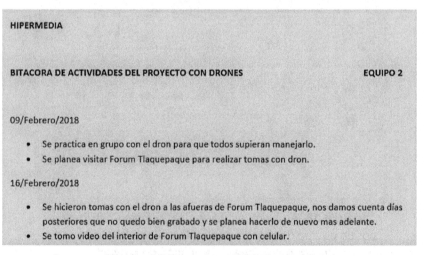

Imagen 40. Una bitácora de actividades publicada por un equipo de estudiantes en la materia de Hipermedia a través del software de gestión de proyectos.

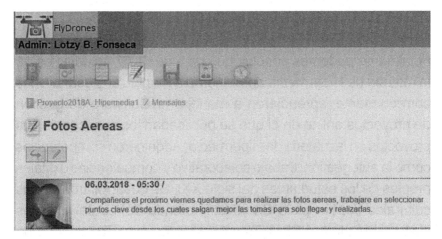

Imagen 41. Mensaje publicado por un estudiante en la materia de Hipermedia a través del software de gestión de proyectos con la finalidad de llegar a acuerdos con su equipo de trabajo.

6. Los estudiantes crearon su video cultural, usando las fotos y videos aéreos tomados con los drones de lugares emblemáticos de Jalisco.

7. Finalmente, los profesores revisábamos los avances del proyecto en la plataforma de gestión de proyectos y añadimos retroalimentaciones sobre el trabajo presentado.

7.5.3 Competencias desarrolladas por los universitarios a través de la participación en la estrategia didáctica 5

- Autogestión.
- Trabajo colaborativo.
- Competencias digitales en el uso del software de gestión de proyectos.

7.5.4 Resultados estrategia didáctica 5

Finalmente podemos concluir que un total de 67 estudiantes de la materia de Hipermedia aprendieron a manipular y usar drones correctamente, aprendieron a manejar un software de gestión de proyectos online en el que se publicaban los avances de sus proyectos en la materia de Hipermedia. Adquirieron competencias como la autogestión, trabajo colaborativo y competencias digitales propias de los estudiantes del siglo XXI. Se desarrollaron videos culturales de: Hospicio Cabañas, Rotonda de los Jaliscienses Ilustres, la Catedral, Plaza Tapatía, Tlaquepaque, Tonalá, Parque Alcalde, Parque San Rafael, Parque de la Solidaridad, Cerro de la Reina, Capilla de Piedra, Santuario de los Mártires, Zapopan, Cocula, Teuchitlán, Guachimontones, Puerto Vallarta, Parque Agua Azul, Bucerías, Boca de Tomatlán.

Los profesores observamos el trabajo individual al interior de los equipos de desarrollo de proyectos de Hipermedia, revisamos los avances online a través del software de gestión de proyectos, logramos observar la interacción de los equipos, y realizar un adecuado seguimiento del desarrollo de los proyectos de Hipermedia, otra de las ventajas para los profesores fue la obtención de evidencias del trabajo de los estudiantes para entregarlas a las respectivas academias en nuestra institución.

7.6 Estrategia didáctica 6 (drones, TIC y herramientas de la Web)

Título de la estrategia didáctica

Programando drones de entrenamiento en la Universidad.

Introducción a la estrategia didáctica

Esta estrategia didáctica tiene como finalidad difundir los resultados de enseñar a estudiantes universitarios de las carreras de Ingeniería en Computación e Ingeniería en Informática a usar, manipular y programar drones de entrenamiento, con el objetivo de acercarlos a este tipo de tecnología. Los estudiantes universitarios participantes se encuentran adscritos a las materias de Tópicos Selectos de Informática I (Comercio Electrónico) y Control de Proyectos que se imparten en una Universidad Pública de Guadalajara, Jalisco, México.

7.6.1 Requerimientos para implementar la estrategia didáctica 6

Hardware

1. Drones (uso de drones mencionados en el capítulo 1 de este libro).
2. Laptop

Software (TIC)

Software para programar el drone de entrenamiento.

Software de edición de audio, imágenes y video.

Herramientas de la Web

- Sitio Web alojado en el servidor que rentamos anualmente los profesores involucrados en este proyecto.

El sitio Web repositorio de experiencias con el uso, vuelo y programación de drones fue desarrollado por los profesores universitarios que participamos en este proyecto.

Utilizamos Drupal que es un sistema de gestión de contenidos o CMS libre, modular y fácilmente configurable, permite la publicación de contenidos como foros, encuestas, votaciones, blogs, administración de usuario y permisos, además de que es muy fácil modificar la apariencia del sitio Web con plantillas responsivas de forma que se podía manipular el sitio Web desde cualquier dispositivo móvil (tabletas, celulares inteligentes, laptops y pc) con acceso a Internet.

7.6.2 Estrategia didáctica 6 por pasos

1. Los profesores compramos drones para la actividad con recursos propios.

   A continuación, las características técnicas de los drones utilizados:

* Drones y sus características:

   Este drone cuenta con cámara para tomar fotografías en formato jpg de 5 MP y videos en formato MP4 en HD 720 pixeles, los cuales se pueden compartir mediante Smartphone en las redes sociales. El drone se controla a través de una aplicación que se instala en el Smartphone, es ligero y pesa solamente 80 gramos, si se pierde la conexión con el drone este aterriza de forma automática sin complicaciones, incluye un indicador de batería dando margen de tiempo para que lo regreses al punto de partida. Cuenta con procesador Intel que asegura funcionamiento óptimo, es compatible con VR, puerto de carga micro USB, distancia máxima de vuelo 100 metros, tiempo máximo de vuelo 13 minutos, altura máxima 10 metros, wifi de 2.4 GHz 802.11n, protectores de hélices. Este drone tiene algunos vuelos inteligentes como el Modo Circle que permite un movimiento de vuelo en un círculo relativamente cerrado mirando hacia adentro de forma que puedes grabar el mismo tiempo, puede realizar flips.

Es posible programar de forma básica este drone.

2. Los profesores enseñamos a los estudiantes a usar, manipular y volar los drones en horario de clase.

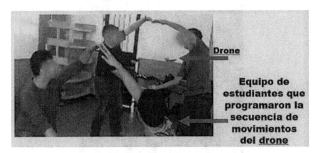

Imagen 42. Foto de los estudiantes que programaron y probaron las secuencias de movimientos que ejecutaría el drone de entrenamiento.

3. Enseñamos a los estudiantes a programar el drone en clase. Proporcionamos a los estudiantes un video tutorial que explicaba la forma como se debe programar el drone para reforzar el aprendizaje y se les prestó un drone por equipo para que programaran tres secuencias de piruetas por drone, el tiempo asignado para este paso fue de 4 semanas.

4. Los estudiantes por equipo programaron las secuencias de piruetas que los drones ejecutarían, también se solicitó a los estudiantes grabar en video las secuencias

de piruetas que los drones ejecutaban y realizaron una presentación PowerPoint con los códigos de programación generados.

takeoff
flip backward
flip left
yaw right 90 degrees
fly to x 20 y 20 z 20 cm
land

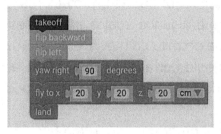

Imagen 43. Programa 1 secuencia de programación desarrollada para el drone de entrenamiento por un equipo de estudiantes universitarios.

takeoff();
fly("right", 20, "cm");
for (var count = 0; count
< 2; count++) {
fly("forward", 20,
"cm");
flip("backward");
}
land();

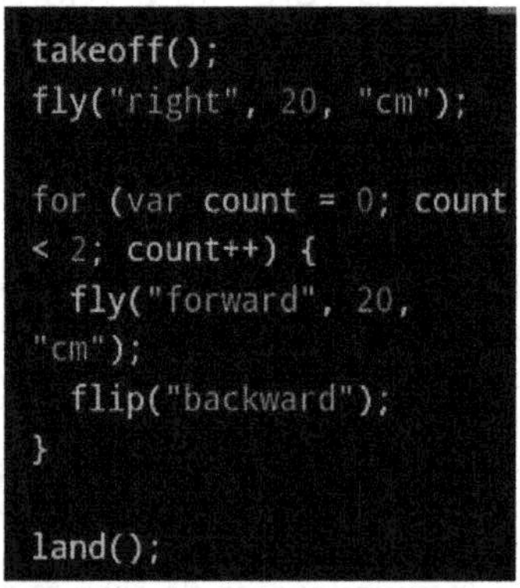

Imagen 44. Programa 2 secuencia de programación desarrollada para el drone de entrenamiento por un equipo de estudiantes universitarios.

takeoff
curve x1 25 y1 25 z1 0 x2 0 y2 50 z2 0 cm
hover 5 seconds
repeat 3 times
do
yaw right 90 degrees
flip left
fly down 20 cm
yaw left 90 degrees
land

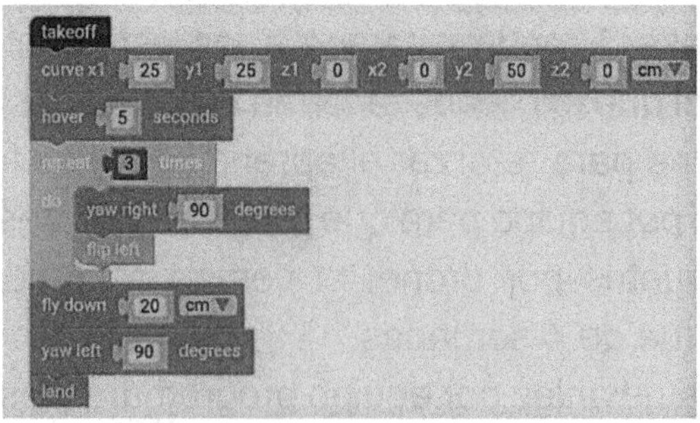

Imagen 45. Programa 3 secuencia de programación desarrollada para el drone de entrenamiento por un equipo de estudiantes universitarios.

5. En horario de clase los estudiantes por equipo presentaron las tres secuencias de piruetas que los drones ejecutaron.

6. Los profesores revisamos y evaluamos, la ejecución de las secuencias que programaron los estudiantes y que los drones ejecutaron, así mismo respaldamos los videos y presentaciones PowerPoint que presentaron los estudiantes.

7. Los estudiantes universitarios publicaron sus presentaciones PowerPoint, audio comentarios de sus experiencias de usar, volar y programar los drones en un sitio Web que los profesores preparamos para este fin. Cabe mencionar que el sitio Web fue desarrollado con Drupal por los profesores involucrados en este proyecto, y que la principal finalidad del sitio Web era servir de repositorio de las experiencias con el uso, vuelo y programación de drones por parte de los estudiantes universitarios.

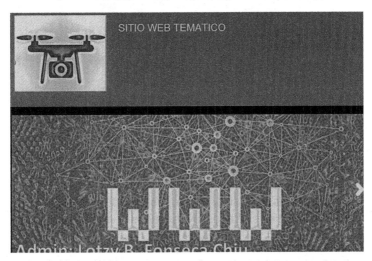

Imagen 46. Sitio Web desarrollado con Drupal por profesores universitarios, cuya finalidad era servir de repositorio de las experiencias de los estudiantes universitarios en el uso, manejo y programación con drones.

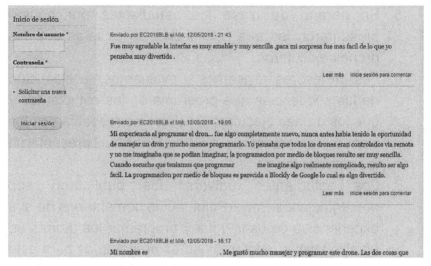

Imagen 47. Experiencias publicadas por los estudiantes universitarios en el sitio Web repositorio desarrollado por profesores universitarios involucrados en este proyecto.

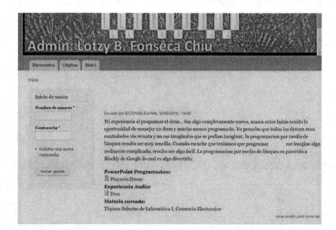

Imagen 48. Experiencias publicadas por los estudiantes universitarios en el sitio Web repositorio desarrollado por profesores universitarios involucrados en este proyecto.

8. Finalmente, los estudiantes grabaron un audio en el que expresaban su opinión sobre esta actividad en la que programaron un drone.

7.6.3 Competencias desarrolladas por los universitarios a través de la participación en la estrategia didáctica 6

- Autogestión
- Trabajo colaborativo
- Competencias digitales en el uso del software para programar el drone, y el software para editar audio, imágenes y video.

7.6.4 Resultados estrategia didáctica 6

- Finalmente podemos concluir que un total de 73 estudiantes de la materia de Control de Proyectos y Tópicos Selectos de Informática I (Comercio Electrónico) aprendieron a manipular y usar drones correctamente.
- Adquirieron competencias como trabajo colaborativo y competencias digitales propias de los estudiantes del siglo XXI.
- Al presentar los estudiantes por equipos las secuencias de programación del drone y realizar la demostración de los resultados finales en horario de clase, se les pregunto a los estudiantes:
- ¿Qué te pareció programar el drone? y los 73 estudiantes contestaron que les pareció una actividad divertida, consideran que fue fácil programar el drone, pero comentaron que el estilo de programación que se utiliza para programar los drones de entrenamiento utilizados es una forma diferente de programar a lo que los estudiantes estaban acostumbrados. Consideraron que el software utilizado para programar el drone era intuitivo, fácil de utilizar y que con bases sencillas de programación resultaba sencillo de manejar.

- Todos los equipos de estudiantes lograron programar el drone en un mes, por lo que todos los estudiantes lograron presentar sus tres secuencias de programación del drone.
- Los estudiantes subieron su experiencia de trabajar con el drone a un sitio Web.

Los profesores podemos concluir que:

- Para los estudiantes universitarios la programación de drones de entrenamiento fue una actividad divertida y aprendieron una forma diferente de programación. Consideramos que es una actividad que podría llevarse a otros niveles educativos para acercar a los estudiantes de primarias, secundarias y preparatorias a la programación de forma divertida y con tecnología de vanguardia.

7.7 Estrategia didáctica 7 (drones, TIC y herramientas de la Web)

Título de la estrategia didáctica

Aprendizaje expansivo y colaborativo más drones en la educación

Introducción a la estrategia didáctica

Esta estrategia didáctica tiene como finalidad difundir los resultados de enseñar a estudiantes universitarios de las carreras de Ingeniería en Computación e Ingeniería en Informática a usar y manipular drones con el objetivo de acercarlos a este tipo de tecnología, así mismo los estudiantes universitarios y los profesores visitamos otras instituciones educativas de primaria para compartir los proyectos multimedia que se desarrollan, de igual forma en las escuelas primarias visitadas se permite que algunos estudiantes de últimos grados vuelen drones de entrenamiento, con la supervisión de los profesores y estudiantes universitarios. Los estudiantes universitarios participantes se encuentran adscritos a las materias de Hipermedia y Tópicos Selectos de Informática I (Comercio Electrónico) que se imparten en una Universidad pública de Guadalajara, Jalisco México. Cabe resaltar que se solicita el permiso del director o directora de la escuela primaria visitada para llevar a cabo dichas actividades, de antemano agradecemos la valiosa participación de los directores de las escuelas visitadas.

7.7.1 Requerimientos para implementar la estrategia didáctica 7

Hardware

1. Drones (uso de drones mencionados en el capítulo 1 de este libro).
2. Laptop

Software (TIC)

Software de edición de audio, imágenes y video.

Herramientas de la Web

- Sitio Web alojado en el servidor que rentamos anualmente los profesores involucrados en este proyecto.

El sitio Web repositorio de experiencias con el uso, vuelo y programación de drones fue desarrollado por los profesores universitarios que participamos en este proyecto.

Utilizamos Wordpress sistema de gestión de contenidos o CMS libre, modular y fácilmente configurable, permite la publicación de contenidos como foros, encuestas, votaciones, administración de usuario y permisos, además de que es muy fácil modificar la apariencia del sitio Web con plantillas responsivas de forma que se podía manipular el sitio Web desde cualquier dispositivo móvil (tabletas, celulares inteligentes, laptops y pc) con acceso a Internet.

7.7.2 Estrategia didáctica 7 por pasos

1. Los profesores compramos drones para la actividad con recursos propios.
2. Se construyó el sitio Web que serviría de repositorio para los videos cortometrajes culturales elaborados de lugares emblemáticos de Jalisco y otras partes de la República Mexicana.
3. En horario de clases instruimos a los estudiantes en el uso de los diferentes drones.
4. Los estudiantes formaron equipos y se les facilitó un drone por equipo.
5. Asignamos a los equipos un lugar emblemático de Jalisco, que los estudiantes y profesores visitamos para realizar las fotos y videos aéreos correspondientes.
6. Los estudiantes entregaron sus videos cortometrajes culturales de los lugares emblemáticos de Jalisco a los profesores.

7. Finalmente se publicaron en el canal de YouTube y embeberlos en el sitio Web que se construyó para el proyecto.

8. Visitamos dos escuelas primarias, en las que se presentaron los videos y se les permitió volar drones de entrenamiento a estudiantes de primaria, principalmente de grados de 4tos, 5tos y 6tos y trabajaron bajo la supervisión de profesores y estudiantes universitarios.

Imagen 49. Profesores y estudiantes universitarios en Chapala, para trabajar capturando tomas aéreas con drone.

Imagen 50.- Estudiantes universitarios con drone en Chapala, la selfi del recuerdo.

Imagen 51. Estudiantes de la primaria Agustín Yáñez.

Imagen 52. Exposición de profesores sobre el tema drones para estudiantes de la primaria Agustín Yáñez.

Imagen 53. Estudiantes de primaria Apodaca, volando el drone de entrenamiento.

7.7.3 Competencias desarrolladas por los universitarios a través de la participación en la estrategia didáctica 7

- Autogestión.
- Pensamiento crítico.
- Trabajo colaborativo.
- Competencias digitales en el uso del software para programar el drone, y el software para editar audio, imágenes y video.
- Aprendizaje expansivo compartir conocimiento con otros estudiantes de otros niveles educativos.

En esta investigación los estudiantes usaron y desarrollaron las siguientes inteligencias múltiples:

Visual-espacial, esto debido a que los estudiantes editan las fotos aéreas logradas con drones de lugares emblemáticos de Guadalajara y otras partes de la República.

Interpersonal, esto debido a que los estudiantes trabajan en equipo para desarrollar sus cortometrajes culturales de lugares emblemáticos de Guadalajara y otras partes de la República, y también algunos de ellos expusieron su cortometraje en primarias, lo que les permite compartir conocimiento con otros estudiantes de otros niveles educativos.

Naturalista, esto debido a que algunos estudiantes desarrollaron sus videos culturales de parques emblemáticos de Guadalajara, o lugares como el Bosque de la Primavera, de forma que entienden de mejor forma la importancia de conservar nuestros recursos naturales, apropiarse de estos lugares y reconocerlos como parte de la identidad de Guadalajara.

Corporal-cinestésica, los estudiantes universitarios desarrollan esta competencia al trasladarse a los lugares emblemáticos en los que realizaran las tomas aéreas con el drone, esto requiere que caminen, incluso que corran, y también el manipular el drone a través de un control o mando, lo que requiere que tengan buena coordinación entre el mando del drone y sus manos, sin perder la concentración en el vuelo del drone y el espacio aéreo del mismo.

Lingüística- verbal, esta inteligencia la desarrollan los estudiantes universitarios al grabar su voz, elaborar un guión sobre la investigación del lugar emblemático visitado para el desarrollo de su video cortometraje cultural, así mismo elaboran una escaleta del video cortometraje cultural, lo que requiere de la inteligencia lingüística-verbal.

Musical, esta inteligencia los estudiantes universitarios la desarrollan al componer un remix de música que agregan a sus cortometrajes culturales de lugares emblemáticos que son desarrollados a partir de fotos y videos aéreos logrados con drones.

7.7.4 Resultados estrategia didáctica 7

- 137 estudiantes universitarios han aprendido a usar, manipular, volar y programar drones en los ciclos escolares 2018A y 2018B.
- Los estudiantes universitarios adquirieron competencias como autogestión, pensamiento crítico, trabajo colaborativo y competencias digitales propias de los estudiantes del siglo XXI.

- Los estudiantes generaron videos cortometrajes culturales de los lugares emblemáticos como: Ajijic, Lago de Chapala, edificios emblemáticos de Guadalajara como la Catedral, Expiatorio, Hospicio Cabañas, edificio de Rectoría de la Universidad de Guadalajara, la Minerva, Puente Matute Remus, entre otros; Barranca de Huentitán, Panteón de Belén, Tlaquepaque, Zapopan, Biblioteca Juan José Arreola, Rotonda de los Jaliscienses Ilustres, parques representativos de Guadalajara, Tequila, Cajititlán y Puerto Vallarta. Con lo cual se generó amor, identidad por nuestra hermosa Guadalajara.
- Se creó un canal de YouTube.
- Se desarrolló un Sitio Web por parte de los profesores.
- Los estudiantes universitarios usaron y desarrollaron las inteligencias múltiples como: Visual-espacial, interpersonal, naturalista, corporal-cinestésica, lingüística-verbal y musical.
- Los estudiantes universitarios practicaron el aprendizaje expansivo al compartir conocimiento con otros estudiantes de otros niveles educativos, entendiendo que al estar en una Universidad pública deben propiciar y generar un bien a la comunidad, en esta investigación se llevó conocimiento nuevo a estudiantes de primaria de escuelas públicas de Guadalajara.
- 155 niños de primaria que cursan los grados de 4to, 5to y 6to primaria Apodaca urbana #497 y 30 de la primaria Agustín Yáñez Delgadillo urbana #759 aprendieron sobre drones, sus usos, características y algunos aprendieron a volar drones de entrenamiento.
- Cabe mencionar que al final de cada sesión de trabajo con los niños que estudian primaria, se realizó una encuesta y obtuvimos los siguientes resultados.

¿Pero qué aprendieron los estudiantes de primaria?

*Estudiantes de **primaria de Apodaca***

Alumno 1. *"6B, edad 11 años".*

> *1.- ¿Qué es un drone?*
> *"Una forma de capturar video."*
> *2 - Menciona un uso de drones*
> *"Grabar una estancia en el aire"*
> *3.- ¿Te gustó trabajar con drones"*
> *"Si"*
> *4.- ¿Por qué?*
> *"Aprendimos de que se compone"*

Alumno 2. *"6B, edad 11 años".*

> *1.- ¿Qué es un drone?*
> *"Es una cosa que se usa para grabar"*
> *2.- Menciona un uso de drones*
> *"Volar, grabar, salvar vidas"*
> *3.- ¿Te gustó trabajar con drones"*
> *"Claro que si"*
> *4.- ¿Por qué?*
> *"Es muy divertido usarlo"*

Alumno 3. *"6A, edad 10 años".*

> *1.- ¿Qué es un drone?*
> *"Un aparato que puede volar y grabar"*
> *2.- Menciona un uso de drones*
> *"Salvar personas, incluso hacer películas y videos"*
> *3.- ¿Te gustó trabajar con drones"*
> *"Si"*

4.- ¿Por qué?
"Es muy divertido"

Alumno 4. "6A, edad 11 años".

1.- ¿Qué es un drone?
"Es una máquina que vuela y te puede ayudar en varias cosas"
2.- Menciona un uso de drones
"Salvar vidas"
3.- ¿Te gustó trabajar con drones"
"Si"
4.- ¿Por qué?
"Me ayuda a grabar desde las alturas"

Alumno 5. "5B, edad 11 años".

1.- ¿Qué es un drone?
"Es una especie de avión chiquito con 4 hélices y vuela con un control remoto, así lo controlas"
2.- Menciona un uso de drones
"Puedes plantar árboles y regarlos con ellos"
3.- ¿Te gustó trabajar con drones"
"Si"
4.- ¿Por qué?
"Es muy divertido y sirven para muchas cosas"

Alumno 6. "5B, edad 11 años".

1.- ¿Qué es un drone?
"Un artefacto volador muy usado"
2.- Menciona un uso de drones
"Grabar"
3.- ¿Te gustó trabajar con drones"

"Si"

4.- ¿Por qué?

"Es divertido y también práctico"

Alumno 7. *"6A, edad 10 años".*

1.- ¿Qué es un drone?

"Un artefacto de video"

2.- Menciona un uso de drones

"Salvar vidas"

3.- ¿Te gustó trabajar con drones"

"Si"

4.- ¿Por qué?

"Porque me gustó volarlo"

Alumno 8. *"6A, edad 11 años".*

1.- ¿Qué es un drone?

"Un drone es un artefacto que nos ayuda a salvar gente en el mar"

2.- Menciona un uso de drones

"Salvar vidas"

3.- ¿Te gustó trabajar con drones"

"Si!!"

4.- ¿Por qué?

"Porque me gusta manejarlos"

Alumno 9. *"4A, edad 10 años".*

1.- ¿Qué es un drone?

"Una máquina que puede volar"

2.- Menciona un uso de drones

"Grabar escenas de películas"

3.- ¿Te gustó trabajar con drones"

"Si"

4.- ¿Por qué?

"Porque es divertido y aprendí cosas"

Alumno 10. *"4A, edad 8 años".*

1.- ¿Qué es un drone?

"Una cámara y en muchas ocasiones un aparato para salvar vidas"

2.- Menciona un uso de drones

"Rescatar personas"

3.- ¿Te gustó trabajar con drones"

"Si"

4.- ¿Por qué?

"Es muy divertido verlo volar"

8 Impacto Social del Proyecto "Learning to Fly Drones en la Universidad"

El proyecto Learning to Fly drones en la Universidad es un proyecto 100% social, a los estudiantes se les facilitan drones para que los usen de forma gratuita y con el único interés de que estos estudiantes acrecienten su conocimiento, este proyecto ha llegado a otras escuelas primarias públicas con la intención de compartir conocimiento. Partimos de este **pensamiento** que quisiéramos compartir **"el conocimiento es un bien al que toda la sociedad tiene derecho y debe ser utilizado para transformar su realidad, el conocimiento debe tener un sentido social, de otra forma es un bien infértil".** Los profesores involucrados en este proyecto aportamos recursos propios para comprar los drones utilizados, lo hicimos por el compromiso que tenemos con la educación no sólo de nuestros estudiantes universitarios, sino de los estudiantes a los que llegamos a través del proyecto, la finalidad de todas las estrategias didácticas y acciones que implementamos en el aula siempre serán encaminadas a otorgar a la sociedad estudiantes universitarios profesionales, preparados, actualizados, comprometidos con la sociedad y dispuestos a resolver a través del uso de la tecnología los grandes problemas que aquejan a la sociedad.

9 Resultados generales del proyecto

- En este Proyecto trabajamos con 276 estudiantes universitarios de las carreras de Ingeniería en Computación e Informática en los calendarios 2017A, 2017B, 2018A y 2018B, tenemos dos años con este proyecto.

- Trabajamos con 30 niños de la primaria de Agustín Yáñez urbana #759 y a través de una estrategia de aprendizaje expansivo con 155 niños de la primaria de Apodaca urbana #497, con lo que despertamos el interés de estos niños y niñas de primaria por la ciencia y la tecnología, así como la curiosidad de nuestros niños y niñas por aprender y conocer cada vez más.

- Compartimos nuestras experiencias a través de exposiciones en congresos de pedagogía y tecnología, así como en revistas de divulgación científica.

- Fomentamos el amor, la identidad por nuestro estado y nuestro país entre jóvenes y niños a través de este proyecto científico, tecnológico y cultural.

El proyecto "Learning to Fly Drones en la Universidad" ha obtenido buenos resultados, debido a lo anterior, los profesores autores de este proyecto consideramos necesario compartir la experiencia con otros profesores y comunidades académicas, por lo que nos dimos a la tarea de desarrollar artículos de divulgación científica para compartir los resultados en congresos y revistas de divulgación científica online.

A continuación, presentamos la lista de congresos en la que los profesores autores de este proyecto hemos participado:

- El artículo "Drones en la Universidad" se publicó de igual forma en la revista Didáctica, Innovación y Multimedia en el número 36-junio del 2018 con ISSN: 1699-3748 de la Universidad Autónoma de Barcelona, en la sección de Buenas Prácticas. Disponible en línea.
- Participamos como ponentes en el Congreso Internacional de Investigación e Innovación. Multidisciplinario CIAMTE 2018. En la Universidad Centro de Estudios de Cortázar. Llevado a cabo en Cortázar Guanajuato México 19 y 20 de abril del 2018

con el título de ponencia "Creando Galerías virtuales a partir de fotografías aéreas capturadas con Drones en la Universidad". Se publicaron también las memorias del congreso con ISSN 2448-6035.

- Participamos como ponentes en el 7 Congreso Iberoamericano de Aprendizaje Mediado por Tecnología. Llevado a cabo en la Universidad Veracruzana del 6 al 8 de junio del 2018 con el título de ponencia "Drones para crear videos culturales de lugares emblemáticos de Guadalajara. Una estrategia didáctica para desarrollar la creatividad y el trabajo colaborativo entre universitarios".

- Participamos como ponentes en el II Congreso Internacional e Interdisciplinario de patrimonio cultural. "El patrimonio documental como fundamento de la memoria y de la cultura" organizado por el Centro Universitario de Tonalá de la Universidad de Guadalajara, llevado a cabo del 29 al 31 de agosto del 2018 con el título de ponencia "DRONES MÁS TICS PARA CONSERVAR EL PATRIMONIO DOCUMENTAL COMO FUNDAMENTO DE LA MEMORIA Y DE LA CULTURA DE GUADALAJARA EN LA UNIVERSIDAD".

- Participamos como ponentes en el XXVI Encuentro Internacional de Educación a distancia. Con el título de ponencia "Blog colaborativo para publicar videos culturales logrados con drones en la Universidad".

11

Compartimos unas fotos aéreas logradas con drones por estudiantes universitarios y profesores

11.1 Galería fotos aéreas tomadas con drone de Chapala

Imagen 54. Foto 1: Forma parte del proyecto
"Learning to Fly Drones en la Universidad".

Imagen 55. Foto 2: Forma parte del proyecto
"Learning to Fly Drones en la Universidad".

Imagen 56. Foto 3: Forma parte del proyecto
"Learning to Fly Drones en la Universidad".

Imagen 57. Foto 4: Forma parte del proyecto
"Learning to Fly Drones en la Universidad".

Imagen 58. Foto 5: Forma parte del proyecto
"Learning to Fly Drones en la Universidad".

11.2 Galería fotos aéreas tomadas con drone de Ajijic

Imagen 59. Foto 1: Forma parte del proyecto "Learning to Fly Drones en la Universidad".

Imagen 60. Foto 2: Forma parte del proyecto "Learning to Fly Drones en la Universidad".

11.3 Galería fotos aéreas tomadas con drone de Chiapas

Imagen 61. Foto 1: Forma parte del proyecto
"Learning to Fly Drones en la Universidad".

Imagen 62. Foto 2: Forma parte del proyecto
"Learning to Fly Drones en la Universidad".

Imagen 63. Foto 3: Forma parte del proyecto
"Learning to Fly Drones en la Universidad".

Imagen 64. Foto 4: Forma parte del proyecto
"Learning to Fly Drones en la Universidad".

11.4 Galería fotos aéreas tomadas con drone de Puerto Vallarta

Imagen 65. Foto 1: Forma parte del proyecto "Learning to Fly Drones en la Universidad".

Imagen 66. Foto 2: Forma parte del proyecto "Learning to Fly Drones en la Universidad".

Imagen 67. Foto 3: Forma parte del proyecto "Learning to Fly Drones en la Universidad".

Imagen 68. Foto 4: Forma parte del proyecto "Learning to Fly Drones en la Universidad".

Imagen 69. Foto 5: Forma parte del proyecto
"Learning to Fly Drones en la Universidad".

Imagen 70. Foto 6: Forma parte del proyecto
"Learning to Fly Drones en la Universidad".

11.5 Galería fotos aéreas tomadas con drone de monumentos emblemáticos de Guadalajara

Imagen 71. Foto 1: Forma parte del proyecto "Learning to Fly Drones en la Universidad".

Imagen 72. Foto 2: Forma parte del proyecto "Learning to Fly Drones en la Universidad".

Imagen 73. Foto 3: Forma parte del proyecto "Learning to Fly Drones en la Universidad".

11.6 Galería fotos aéreas tomadas con drone de Panteón de Belén

Imagen 74. Foto 1: Forma parte del proyecto "Learning to Fly Drones en la Universidad".

Imagen 75. Foto 2: Forma parte del proyecto "Learning to Fly Drones en la Universidad".

Imagen 76. Foto 3: Forma parte del proyecto
"Learning to Fly Drones en la Universidad".

Imagen 77. Foto 4: Forma parte del proyecto
"Learning to Fly Drones en la Universidad".

11.7 Galería fotos aéreas tomadas con drone de Teuchitlán

Imagen 78. Foto 1: Forma parte del proyecto "Learning to Fly Drones en la Universidad".

Imagen 79. Foto 2: Forma parte del proyecto "Learning to Fly Drones en la Universidad".

Imagen 80. Foto 3: Forma parte del proyecto
"Learning to Fly Drones en la Universidad".

Imagen 81. Foto 4: Forma parte del proyecto
"Learning to Fly Drones en la Universidad".

11.8 Galería fotos aéreas tomadas con drone de Parque de la Cristiandad

Imagen 82. Foto 1: Forma parte del proyecto "Learning to Fly Drones en la Universidad".

Imagen 83. Foto 2: Forma parte del proyecto "Learning to Fly Drones en la Universidad".

Imagen 84. Foto 3: Forma parte del proyecto "Learning to Fly Drones en la Universidad".

11.9 Galería fotos aéreas tomadas con drone de Voladores de Papantla

Imagen 85. Foto 1: Forma parte del proyecto "Learning to Fly Drones en la Universidad", lugar Chapala.

Imagen 86. Foto 2: Forma parte del proyecto "Learning to Fly Drones en la Universidad", lugar Malecón Puerto Vallarta.

11.10 Galería fotos aéreas tomadas con drone de Punta de Mita, Nayarit, México

Imagen 87. Foto 1: Forma parte del proyecto "Learning to Fly Drones en la Universidad", Playa LITIBU.

Imagen 88. Foto 2: Forma parte del proyecto "Learning to Fly Drones en la Universidad", Playa LITIBU.

Imagen 89. Foto 3: Forma parte del proyecto "Learning to Fly Drones en la Universidad", Playa LITIBU.

Imagen 90. Foto 4: Forma parte del proyecto
"Learning to Fly Drones en la Universidad".

Imagen 91. Foto 5: Forma parte del proyecto
"Learning to Fly Drones en la Universidad".

Imagen 92. Foto 6: Forma parte del proyecto
"Learning to Fly Drones en la Universidad".

Imagen 93. Foto 7: Forma parte del proyecto
"Learning to Fly Drones en la Universidad".

Imagen 94. Foto 8: Forma parte del proyecto
"Learning to Fly Drones en la Universidad".

Imagen 95. Foto 9: Forma parte del proyecto
"Learning to Fly Drones en la Universidad".

Imagen 96. Foto 10: Forma parte del proyecto "Learning to Fly Drones en la Universidad", Playa Punta de Mita.

Imagen 97. Foto 11: Forma parte del proyecto "Learning to Fly Drones en la Universidad".

Imagen 98. Foto 12: Forma parte del proyecto "Learning to Fly Drones en la Universidad", Playa Manzanilla.

Imagen 99. Foto 13: Forma parte del proyecto "Learning to Fly Drones en la Universidad", Playa Manzanilla.

Imagen 100. Foto 14: Forma parte del proyecto "Learning to Fly Drones en la Universidad", Playa Manzanilla.

Imagen 101. Foto 15: Forma parte del proyecto "Learning to Fly Drones en la Universidad", Playa Manzanilla.

Imagen 102. Foto 16: Forma parte del proyecto "Learning to Fly Drones en la Universidad", Playa Manzanilla.

Imagen 103. Foto 17: Forma parte del proyecto "Learning to Fly Drones en la Universidad", Playa Manzanilla.

11.11 Galería fotos aéreas tomadas con drone de Tapalpa

Imagen 104. Foto 1: Forma parte del proyecto "Learning to Fly Drones en la Universidad", Pueblo Mágico de Tapalpa.

Imagen 105. Foto 2: Forma parte del proyecto "Learning to Fly Drones en la Universidad", Pueblo Mágico de Tapalpa.

Imagen 106. Foto 3: Forma parte del proyecto "Learning to Fly Drones en la Universidad", Pueblo Mágico de Tapalpa.

Imagen 107. Foto 4: Forma parte del proyecto "Learning to Fly Drones en la Universidad", Pueblo Mágico de Tapalpa.

Imagen 108. Foto 5: Forma parte del proyecto "Learning to Fly Drones en la Universidad", Pueblo Mágico de Tapalpa.

Imagen 109. Foto 6: Forma parte del proyecto "Learning to Fly Drones en la Universidad", Pueblo Mágico de Tapalpa.

Imagen 110. Foto 7: Forma parte del proyecto "Learning to Fly Drones en la Universidad", Pueblo Mágico de Tapalpa.

Imagen 111. Foto 8: Forma parte del proyecto "Learning to Fly Drones en la Universidad", Pueblo Mágico de Tapalpa.

Imagen 112. Foto 9: Forma parte del proyecto "Learning to Fly Drones en la Universidad", Pueblo Mágico de Tapalpa.

11.12 Galería fotos aéreas tomadas con drone de Tequila

Imagen 113. Foto 1: Forma parte del proyecto "Learning to Fly Drones en la Universidad", Pueblo Mágico de Tequila.

Imagen 114. Foto 2: Forma parte del proyecto "Learning to Fly Drones en la Universidad", Pueblo Mágico de Tequila.

Imagen 115. Foto 3: Forma parte del proyecto "Learning to Fly Drones en la Universidad", Pueblo Mágico de Tequila.

Imagen 116. Foto 4: Forma parte del proyecto "Learning to Fly Drones en la Universidad", Pueblo Mágico de Tequila.

11.13 Galería fotos aéreas tomadas con drone de Michoacán

Imagen 117. Foto 1: Forma parte del proyecto "Learning to Fly Drones en la Universidad", Michoacán.

Imagen 118. Foto 2: Forma parte del proyecto "Learning to Fly Drones en la Universidad", Michoacán.

Imagen 119. Foto 3: Forma parte del proyecto "Learning to Fly Drones en la Universidad".

Imagen 120. Foto 4: Forma parte del proyecto
"Learning to Fly Drones en la Universidad".

Imagen 121. Foto 5: Forma parte del proyecto
"Learning to Fly Drones en la Universidad".

Imagen 122. Foto 6: Forma parte del proyecto "Learning to Fly Drones en la Universidad", Michoacán.

Imagen 123. Foto 7: Forma parte del proyecto "Learning to Fly Drones en la Universidad", Michoacán.

Imagen 124. Foto 8: Forma parte del proyecto "Learning to Fly Drones en la Universidad", Michoacán.

11.14 Galería fotos aéreas tomadas con drone de Oaxaca

Imagen 125. Foto 1: Forma parte del proyecto "Learning to Fly Drones en la Universidad", Oaxaca.

Imagen 126. Foto 2: Forma parte del proyecto "Learning to Fly Drones en la Universidad", Oaxaca.

Imagen 127. Foto 3: Forma parte del proyecto "Learning to Fly Drones en la Universidad", Oaxaca.

Imagen 128. Foto 4: Forma parte del proyecto "Learning to Fly Drones en la Universidad", Oaxaca.

Imagen 129. Foto 5: Forma parte del proyecto "Learning to Fly Drones en la Universidad", Oaxaca.

Imagen 130. Foto 6: Forma parte del proyecto "Learning to Fly Drones en la Universidad", Oaxaca.

Imagen 131. Foto 7: Forma parte del proyecto "Learning to Fly Drones en la Universidad", Oaxaca.

Imagen 132. Foto 8: Forma parte del proyecto "Learning to Fly Drones en la Universidad", Oaxaca.

Los estudiantes son los futuros profesionistas que moverán a México, son los ciudadanos del presente-futuro que transformarán al país, es por esta razón que debemos generar profesionistas, preparados, capaces, con ética, con amor por el país y con ganas de superarse, son ellos los que resolverán los problemas que aquejan a la sociedad. En este proyecto estamos invirtiendo en el futuro profesionista que queremos para nuestro México.

Con este proyecto comprobamos que la ciencia, la tecnología no está peleada con la cultura. Las nuevas tecnologías pueden ayudarnos a conservar el patrimonio material e inmaterial de los pueblos, sus edificios, su cultura, sus tradiciones, sus leyendas, la belleza de sus recursos naturales y debemos utilizarla para el bien de la sociedad.

Agradecimientos

- Agradecemos a Dios y nuestras familias por entender que este tipo de proyectos requieren tiempo y dedicación.

- Agradecemos a la Universidad pública en la que trabajamos los profesores que publicamos este libro, por la libertad de cátedra que nos otorgan.
- Agradecemos a los estudiantes universitarios que participaron con entusiasmo en este proyecto.
- Agradecemos a los directores (as) de las escuelas primarias involucradas en este proyecto, por permitirnos generar esa vinculación de universitarios y estudiantes de primaria.
- Agradecemos a los estudiantes de primaria por participar en este proyecto con alegría de aprender.

13 Bibliografía

Alonso-Tapia, J. (1997). Motivar para el aprendizaje: teoría y aprendizaje. España: EDEBÉ.

Ausubel, D. P. (1976). Psicología educativa. Un punto de vista cognoscitivo. Ed. Trillas. México.

Bednar, A.K., Cunningham, D., y otros. (1991). Theory into practice: How do we link? En G. Anglin (Ed.) Instructional Technology: Past, Present and Future. Denver, CO: Libraries Unlimited.

Chamberlain, P. (2017). Drones and Journalism. How the Media is Making Use of Unmanned Aerial Vehicles. Routledge.

Cheng, E. (2016). Aerial Photography and Videography using drones. Peachpit Press.

Corominas, J. y Pascual, J.A. (2007). Diccionario crítico etimológico castellano e hispánico, Madrid: Gredos.

Dewey, J. (1989) Como pensamos. Nueva exposición de la relación entre pensamiento y proceso educativo. Barcelona: Paidós.

Díaz, F. (1998). Una aportación a la didáctica de la historia. La enseñanza-aprendizaje de habilidades cognitivas en el bachillerato. Perfiles Educativos, núm. 82, octubre 1998. Instituto de Investigaciones sobre la Universidad y la Educación Distrito Federal, México.

Fernández, J. (13 de noviembre de 2017). DJI: "La industria del dron crece gracias al uso profesional". Expansión. Recuperado de http://www.expansion.com/economia-digital/protagonistas/2017/11/13/5a05a848e5fdeaa6348b456d.html

Gardner, H. (2005). Inteligencias Múltiples. La teoría en la práctica. Barcelona: Paidós.

Guido, J. (2006). Administración exitosa de Proyectos. México: Cengage Learning.

Pimienta, J. (2012). Estrategias de enseñanza-aprendizaje. México: Pearson.p.133.

Monereo, C. (1997). La construcción del conocimiento estratégico en el aula. En Ma. L. Pérez Cabaní. La enseñanza y el aprendizaje de estrategias desde el currículum (pp. 21-34). Gerona: Horsori.

Rodríguez, F. && Santiago, R. (2015) Gamificación: Como motivar a tu alumnado y mejorar el clima en el aula. (Innovación Educativa) Madrid: Digital-Text. Grupo Océano.

Tébar, L. (2003) El perfil del profesor mediador. Madrid: Santillana.

Algunas URL de cortometrajes culturales logrados con fotos y videos aéreos generados con drones publicados en YouTube:

Canal de YouTube Proyecto "Learning to fly drones"
https://www.youtube.com/watch?v=R77ZT8lrm4w&list=PLEM1AipFT_zELr8rBtEmfCsWO4iZbNjxJ

Ajijic
https://www.youtube.com/embed/R77ZT8lrm4w

Chapala
https://www.youtube.com/embed/00g_LK0t7S8

Edificios emblemáticos 3
https://www.youtube.com/embed/qZnu9Hm7noE

Huentitán 1
https://www.youtube.com/embed/GIy6mvmierg

Huentitán 2

https://www.youtube.com/embed/QKoYThSsQSs

Chiapas

https://www.youtube.com/embed/EpwBXtM5sJ0

Edificios 3

https://www.youtube.com/embed/aQ5Bq6NBKhU

Detrás de cámaras

https://www.youtube.com/embed/MhptpOjrkZo

Cocula

https://www.youtube.com/embed/6IbrenNqmIQ

Zapopan

https://www.youtube.com/embed/-E2MpsF9LLs

Tonalá

https://www.youtube.com/embed/A2hpEJ3LxSw

Guadalajara

https://www.youtube.com/embed/Oqjmi3qtiBA

Teuchitlán y Guachimontones

https://www.youtube.com/embed/6okmPXg48f4

Tlaquepaque

https://www.youtube.com/embed/w5ULhPWXXow

Parques y templos GDL

https://www.youtube.com/embed/q9tamJmY-Mk

Puerto Vallarta

https://www.youtube.com/embed/Meh3G2qmXs4

Parque AGUA AZUL

https://www.youtube.com/embed/yTIYhzaOcX4

Boca De Tomatlán Puerto Vallarta Jalisco

https://www.youtube.com/embed/14ZUS9Uz0rE

Bucerías

https://www.youtube.com/embed/tZyRrIta_9g

Leyendas y tradiciones

Leyendas GDL _1

https://www.youtube.com/embed/Aa40Nm4ilFA

Leyendas GDL_2

https://www.youtube.com/embed/fpo7dTROcUk

Tradiciones Mexicanas_1

https://www.youtube.com/embed/zqdaQWFI87I

Chapala 2

https://youtu.be/IjSfQj5J1PM

Convento de San Agustín

https://youtu.be/FqD-GRBnpLo

Tequila

https://youtu.be/YnV0d-ScZC8

Teatro Degollado

https://youtu.be/bLYYa1mWv4Q

Villa Corona

https://youtu.be/mZxP6zvy_2Y

Hospicio Cabañas

https://youtu.be/aGhrF2Wtfzk

Panteón Belén

https://youtu.be/fpo7dTROcUk

Parroquia de Santiago Apóstol, Tequila Jalisco

https://youtu.be/WzyJbxOk_3U

Biblioteca Juan José Arreola

https://www.youtube.com/embed/V5hSSh9hN9k

Catedral de Guadalajara

https://www.youtube.com/embed/A_7UJ6tc1kw

Anexo 2

Sitios Web generados en la implementación del proyecto:

Galería de fotos aéreas con drones

http://fotogaleriadrones.aprendizajevirtualmovil.com/

Blog colaborativo

http://dronecomentarios.aprendizajevirtualmovil.com/

Learning to fly drones en la Universidad

http://learningtoflydrones.aprendizajevirtualmovil.com/

Cuestionario tipo Likert.

Nombre: _____ Edad: _____	
¿Qué características de esta lista consideras que desarrollaste al participar en el proyecto con drones en (hipermedia, control de proyectos, Tópicos selectos de informática I (Comercio electrónico) …?	
Característica o rasgo	¿Por qué consideras que adquiriste esta característica o rasgo?
1.-Motivación intrínseca ¿Consideras que adquiriste la motivación intrínseca de forma? Excelente Muy bien Bien Regular Mal	

2.-Perseverancia ante los obstáculos ¿Consideras que adquiriste la perseverancia de forma? Excelente Muy bien Bien Regular Mal	
3.-Capacidad para asumir riesgos ¿Consideras que adquiriste la capacidad de asumir riesgos de forma? Excelente Muy bien Bien Regular Mal	
4.-Tolerancia a la Ambigüedad (tolerancia a la incertidumbre) ¿Consideras que adquiriste tolerancia de forma? Excelente Muy bien Bien Regular Mal	
5.-Apertura a la experiencia ¿Consideras que adquiriste la apertura a la experiencia de forma? Excelente Muy bien Bien Regular Mal	

6.-Autoconfianza ¿Consideras que adquiriste la autoconfianza de forma? Excelente Muy bien Bien Regular Mal	
7.-Independencia ¿Consideras que adquiriste la independencia de forma? Excelente Muy bien Bien Regular Mal	
8.-Adquirí todas las características anteriores.	

Tabla 1. Cuestionario tipo Likert.

Cuestionario no estructurado

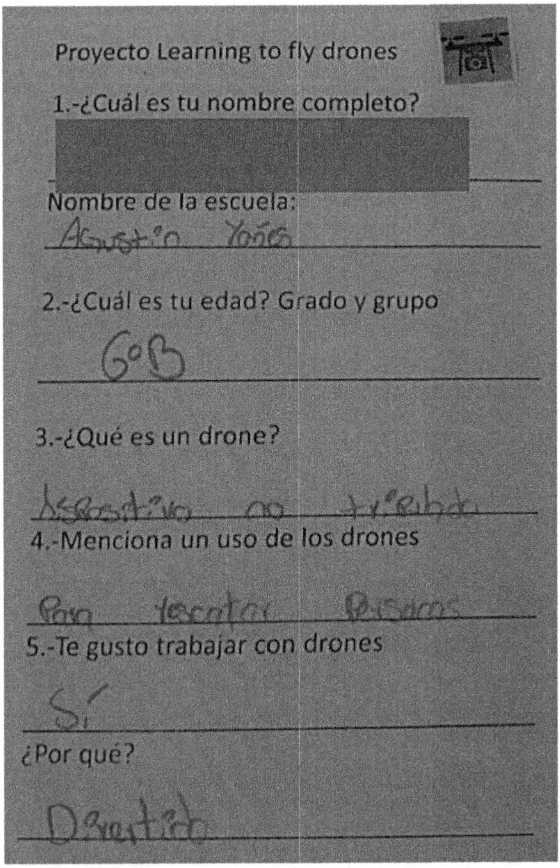

Imagen 133. Cuestionario no estructurado, ejemplo 1.

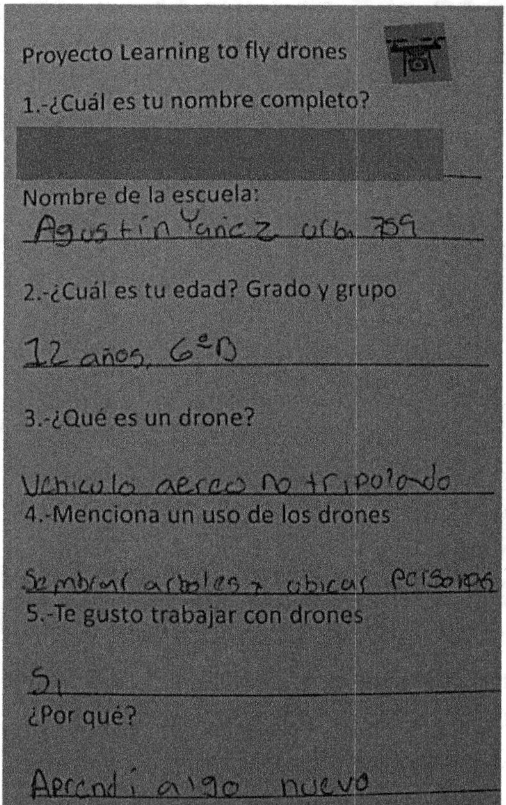

Imagen 134. Cuestionario no estructurado, ejemplo 2.

Posteo en Blog

Opinión Alumno 1:

Enviado por EC2018BLB el Mié, 12/05/2018 - 19:06

Mi experiencia al programar el dron... fue algo completamente nuevo, nunca antes habia tenido la oportunidad de manejar un dron y mucho menos programarlo. Yo pensaba que todos los drones eran controlados via remota y no me imaginaba   la programacion por medio de bloques resulto ser muy sencilla. Cuando escuche que teniamos que programar   me imagine algo realmente complicado, resulto ser algo facil. La programacion por medio de bloques es parecida a Blockly de Google lo cual es algo divertido.

Imagen 135. Opinión alumno 1.

Opinión Alumno 2:

Enviado por EC2018BLB el Mié, 12/05/2018 - 16:17

Mi nombre es   . Me gustó mucho manejar y programar este drone. Las dos cosas que más me gustaron fue la estabilidad de este drone y su fácil programación, pues la programación por medio de bloques me parece pues fácil y bastante divertida.

Leer más   Inicie sesión para comentar

Imagen 136. Opinión alumno 2.

Opinión Alumno 3:

Enviado por EC2018BLB el Mié, 12/05/2018 - 01:50

Fue una nueva forma de programar, porque la verdad nunca me había tocado ver ese tipo de programación. La verdad, resulta muy fácil de aprender. Aunque me hubiera gustado poder probarlo un poco más, fue una experiencia buena el que podamos aprender de las nuevas tecnologías y que además resulte sencillo de hacerlo. El único problema que veo en los drones es su precio si quieres un modelo de los programables o que les dure un poco más la batería. Y no estaría mal que hubiera una especie de taller de programación y vuelo de drones en la escuela.

Leer más   Inicie sesión para comentar

Imagen 137. Opinión alumno 3.

Opinión Alumno 4:

Enviado por EC2018BLB el Mar, 12/04/2018 - 05:12

La experiencia que obtuve al programar el Drone   me fue muy divertida e interesante, pense que era muy difícil pero me di cuenta que en realidad es muy facil, aprendi conceptos básicos y fue muy facil de manejarlo, en un futuro me gustaria aprender mas a programar drones.

Además es muy utilizado para grabar videos y tomar fotos en diferentes eventos.

Imagen 138. Opinión alumno 4.

Opinión Alumno 5:

Enviado por EC2018BLB el Lun, 12/03/2018 - 21:22

Fue muy interesante trabajar con el dron, lo que mas me llamo la atencion es se trabaje con programacion orientada a bloques. Con esto cualquier persona puede aprender a usar y programar un dron sin necesidad de saber programar como tal. Un contra que vi, es la duracion que tiene la pila. Tarda mas en cargarse que lo que dura el dron en uso.

Leer más   1 comentario   Inicie sesión para comentar

Imagen 139. Opinión alumno 5.

Opinión Alumno 6:

Enviado por EC2018BLB el Lun, 12/03/2018 - 18:02

Mi experiencia programando drones fue bastante divertida, en un principio creí que sería algo difícil programar las piruetas pero resultó ser fácil y entretenido, debido a la programación en bloques. Mi equipo y yo hicimos y probamos varios códigos con diferentes piruetas, lo cual fue muy divertido, algunas de las maniobras fracasaron, pero otras salieron muy bien.

Leer más   1 comentario   Inicie sesión para comentar

Imagen 140. Opinión alumno 6.

Opinión Alumno 7:

Enviado por EC2018BLB el Lun, 12/03/2018 - 17:21

La programacion del dron fue facil de aprender, y tambien facil de retomar donde lo habian dejado mis compañeros. El programa explica de forma facil de entender como funciona cada cosa y como se puede utilizar, y cuando no lo explicaba era facil decifrar que hacia cada cosa y como utilizarla. La aplicacion es bastante amistosa con el usuario.

Programar el drone fue bastante divertido y honestamente puedo decir que me quiero conseguir un drone para yo poder programarlo en mi tiempo libre.

Leer más   1 comentario   Inicie sesión para comentar

Imagen 141. Opinión alumno 7.

Colofón

Drones con TIC y herramientas de la Web en la Educación

Se terminó de imprimir en los Estados Unidos de América

En agosto de 2019

Con un tiraje de 300 ejemplares